CW00431979

Acariciando un sueño

Javier Cárdenas

Acariciando un sueño

mr · ediciones martínez roca

Diseño de cubierta: Jordi Salvany
Imagen de cubierta: Fotónica

© 2002, Javier de Cárdenas Pérez
© 2002, Ediciones Martínez Roca, S. A.
Diagonal, 662-664, 08034 Barcelona
Primera edición: octubre de 2002
ISBN: 84-270-2869-5
Depósito legal: B. 37.894-2002
Fotocomposición: Anglofort, S. A.
Impresión: A&M Gràfic, S. L.
Encuadernación: Encuadernaciones Roma, S. L.

Impreso en España – Printed in Spain

Dedicatoria

Este libro está dedicado a ese cada vez más reducido grupo de románticos que aún siguen creyendo que no existe nada más importante que un buen amigo, y que la amistad, al igual que el amor verdadero, es el más sincero, desinteresado y puro de los sentimientos.

En la vida existen dos tipos de familia: la que te viene impuesta biológicamente, y la que tú eliges y creas con el paso de los años con tus amigos.

Con estos últimos mantengo una relación tan íntima que cualquier problema, alegría o decepción es vivida por todos los integrantes del grupo con la misma intensidad que el propio interesado. Es una apasionante manera de vivir diferentes vidas en una.

A fin de cuentas, un amigo es lo único que queda cuando ya no te queda nada. Si no es así, estamos hablando simplemente de conocidos, una especie peligrosa que suele pulular a tu alrededor y que desgraciadamente está en vías de expansión.

Cuenta una antigua leyenda india que cuando llegue el final de los días, el sol ya no brille y la oscuridad invada la Tierra, lo último que oiremos será el precioso e inquietante aullido del lobo rompiendo estremecedoramente el silencio.

Es una leyenda preciosa, pero evidentemente no es cierta. Todos sabemos que lo último que de verdad oiremos será la voz cercana de un buen amigo, para que sepamos, una vez más, que no estamos solos.

Querido Paco:

Cuando leas esta carta yo ya estaré lejos. Como ves, no he tenido valor para decirte esto a la cara, pero desde hacía algún tiempo sabías que no era feliz. Y lo que hemos pasado juntos es demasiado bonito para verlo morir día tras día, por una rutina, que me consume en lo más profundo.

Creí que sería capaz de acostumbrarme a una vida que no conocía y que nunca he sentido como mía. Creí que mi amor por ti sería suficiente como para dejarlo todo atrás. Pero éste no es mi mundo, y no soy capaz de pedirte que lo dejes todo y te vengas conmigo porque, al final, te pasaría lo mismo que me ocurre a mí: que te irías consumiendo lentamente.

Sé que es muy duro, pero por favor no te amargues pensando que ha sido culpa tuya. La culpa no es de nadie. Los dos sabíamos a lo que nos enfrentábamos.

En cuanto a Antonio, no soy capaz de hacerme cargo. Y no es justo separarlo de ti. Eres el mejor padre y has sido el mejor marido. Te quiero...

Capítulo 1

Era un día soleado. El mar por fin estaba en calma, después de varios días de tormenta, y las olas no golpeaban ya las piedras del acantilado. Había quedado atrás esa lucha contra la inclemencia metereológica que había sumido a todo el pueblo en una desazón que parecía eternizarse, en esos días tan oscuros ocultos por las nubes, en esas noches resquebrajadas por los rayos y el sonido de los truenos... Todo había quedado atrás. Parecía como si el sol no sólo hubiese traído consigo un nuevo día, sino también una época nueva que explorar. El paso de la tormenta a la luz del sol era sin duda un punto de inflexión.

Antonio saboreaba esa supuesta calma desde el acantilado. A lomos de su inseparable caballo, su pertenencia más preciada, un animal que su padre le regaló siendo muy pequeño, el joven observaba la inmensa belleza del mar. Las patas delanteras de *Zafiro* estaban demasiado cerca del precipicio, pero a Antonio no le importaba, no tenía miedo a caer. Ni la altura ni la gravedad eran sus enemigas; la vida le había enseñado que era más dolorosa otro tipo de caída, la que se produce cuando la gente que te rodea te empuja al vacío para no permitir que alcances tu sueño. Y Antonio había llegado a acariciarlo...

Allí, en el acantilado, empezó a recordar cómo habían sido los últimos meses. Recordaba perfectamente la primera entrevista que mantuvo con el director de recursos humanos de la empresa Tecnofuture, en la planta catorce de un imponente edificio de cristal de veinte pisos de altura, propiedad de la empresa. Las nuevas tecnologías habían avanzado de forma espectacular en pocos años y había pocos profesionales capaces de dominarlas. Por eso las empresas se disputaban a los mejores, y Antonio era uno de ellos.

—Ilusión y trabajo, éstas son las máximas de nuestra empresa —destacó el Sr. Lafuente, un hombre maduro, de impecable presencia, con voz firme y con la seguridad que dan los años de profesión—. Porque no estamos hablando tan sólo de una compañía: ¡esta empresa es una gran familia! Si finalmente usted decide unirse a nosotros, podrá comprobarlo con sus propios ojos. No dude de que ésta será posiblemente la mejor decisión que habrá tomado en su vida.

Antonio, sorprendido por el lujo del despacho de un aparentemente simple director de recursos humanos, asintió a sus palabras.

—No lo dudo. Ustedes son una compañía importantísima en el sector. No puedo tener mejores referencias.

—Y hablando de referencias, ¿cómo es posible que un joven como usted, que fue el primero de su promoción y provocó una auténtica cacería entre las mejores empresas del país por hacerse con sus servicios, tenga un currículum profesional tan pobre?

—De pequeño estuve mucho tiempo alejado de mi familia. Cuando acabé mis estudios, me apetecía recuperar el tiempo perdido. Así que hice las maletas y volví al pueblo junto a mi padre.

El señor Lafuente sonrió satisfecho por la respuesta.

—Es bueno que nuestros trabajadores tengan en la familia uno de sus principales valores. Pero dígame, ¿qué es lo que ha hecho que se esté replanteando venir a trabajar a la gran ciudad?

Antonio se acomodó mejor en su asiento y, con tranquilidad, adoptó una expresión misteriosa.

—Me encantan las proposiciones...

—¿Tiene otras ofertas, además de la nuestra...? —inquirió, a la defensiva, Lafuente.

Antonio afirmó con la cabeza, aunque de forma humilde. No era su estilo fanfarronear ante nadie, aunque tampoco iba a dejarse comprar como una baratija. Por su parte, el señor Lafuente no estaba dispuesto a dejarlo escapar:

—Pero dudo de que económicamente sean tan suculentas como la nuestra... Y además está el trato personal; ya le he dicho que nosotros somos como una gran familia.

—Lo tendré en cuenta a la hora de decidirme.

—Le agradecería que su respuesta no se demorara demasiado. ¿Podría darnos a conocer su decisión en el plazo de una semana?

—¿Una semana? Es un poco justo. Si acepto la oferta, necesitaré tiempo para encontrar un sitio donde vivir.

—Veo que aún no se ha dado cuenta de lo que esta empresa representa... —sonrió el señor Lafuente, recuperando el dominio de la conversación—. Nosotros nos hacemos cargo de todo, para que usted tan sólo tenga que centrarse en trabajar. Ser feliz... y trabajar.

A Antonio también le gustaba dominar las conversaciones y procuraba mostrar una aplastante seguridad, no exenta de ironía.

—Qué curioso, veo que compartimos el mismo lema —sonrió levemente—. Claro que, en el mío, las palabras no están en el mismo orden que en el suyo.

—En nuestra empresa, la felicidad y el trabajo son una misma cosa.

Antonio sonrió. Le caía bien el señor Lafuente, era un hombre experimentado y de respuesta rápida. Antonio se levantó de su asiento.

—Me siento como si me ofreciera un puesto de Santa Claus.

El señor Lafuente le imitó y también se puso en pie.

—Más o menos... —le indicó, mientras le daba la mano y lo acompañaba hasta la puerta de su despacho—. Ha sido un placer conocerlo, joven. Habíamos oído hablar mucho de usted.

—En una semana volverá a tener noticias mías.

Antonio salió del despacho y enfiló por el pasillo en busca de los ascensores. Pero al doblar por la primera esquina del pasillo, tropezó con uno de los empleados de la empresa, que iba cargado de papeles.

—¡Oh, disculpe! —exclamó Antonio, al tiempo que se agachaba para ayudarle a recoger los papeles que habían caído.

—¡Gilipollas!

Antonio se sorprendió por la reacción del empleado y dejó de ayudarle. Se incorporó, se volvió hacia el despacho del señor Lafuente, que ya había cerrado la puerta, y recordó en tono sarcástico sus palabras: «como una gran familia».

Sin más dilación, Antonio salió del edificio. Había conseguido aparcar su camioneta, tipo pick-up, muy cerca de la puerta, en un golpe de fortuna tras comprobar que era prácticamente imposible encontrar un aparcamiento libre en aquella zona.

Se encaminó hacia el vehículo, subió a él y, cuando estaba a punto de arrancar, vio un papelito amarillo que colgaba de uno de los limpiaparabrisas. Pensó que era propaganda y no le dio mayor importancia, pero, como el papel le restaba visibilidad para conducir, se decidió a quitarlo. Fue entonces cuando se dio cuenta de que era una multa: le sancionaban por haber aparcado en una zona de carga y descarga. Antonio miró la calzada, comprobó que era cierto y estuvo a punto de blasfemar, pero se contuvo y se limitó a cerrar los ojos, aunque nada evitó que arrugara la multa con rabia. Seguía irritado por cómo le había tratado el empleado con el que había tropezado en el pasillo y la multa no había hecho más que aumentar su convencimiento de que la ciudad no era su hábitat natural. Él era un chico de pueblo: puso en marcha la furgoneta y se dirigió hacia allí como si le faltara el oxígeno.

A medida que iba devorando la carretera, el paisaje empezó a transformarse: los imponentes edificios, el tráfico, la aglomeración de gente y la polución fueron dejando paso a un paisaje más libre, más abierto, más llano... Podía haber ido en tren, pero prefería conducir su furgoneta, marcar sus propios horarios, viajar a su antojo. Antonio era un ser indomable, criado igual como su padre había controlado la yeguada toda la vida: inculcándole unas mínimas reglas y concediéndole una gran libertad.

El pueblo quedaba a cinco horas de la ciudad. Buena parte del trayecto podía efectuarse por autopista, pero la última hora debía hacerse por carreteras secundarias. Antonio era capaz de acortar ese tiempo, pero ni su furgoneta ni él mismo eran propensos a la velocidad. Además, le apetecía descansar por el camino y se detuvo en una área de servicio de la autopista, donde comió un bocadillo de jamón con queso fundido mientras observaba a una pareja de extranjeros que, con un mapa extendido, intentaba encontrar el mejor camino a seguir. Estuvo tentado de ayudarlos, pero no quiso romper la magia que supone estar perdidos en un país desconocido y con la única ayuda de un mapa que seguramente no estaba actualizado.

Prosiguió su viaje y, al abandonar la autopista, ya pudo apreciar el característico paisaje de su zona: grandes extensiones de prados, dunas verdes que daban la apariencia de un mar interior, filas de vides perfectamente alineadas y aquella paz que se respiraba en un entorno en el que la mano especulativa del hombre todavía no había llegado. Le gustaba conducir con la ventanilla bajada y sacando un codo, mientras el aire le golpeaba el rostro y le hacía ondear su larga melena, un poco impropia para un joven de treinta y tres años que estaba a punto de convertirse en ejecutivo de una empresa de telecomunicaciones. Ese aire le encantaba, tan limpio y oxigenado. Era aire de campo, su aire. Estaba llegando a su hogar...

Capítulo 2

Antonio llegó a la finca en la que vivía con su padre y, al contrario que en la ciudad, pudo aparcar su furgoneta donde se le antojó. Se apeó y miró a su alrededor. La finca quedaba un poco apartada del pueblo, en las afueras, cerca de las montañas. No había otra edificación cerca, pero allí nadie se sentía solo: la yeguada los mantenía ocupados todo el día. Vio a su padre, apoyado en una de las vallas de madera, observando los avances del nuevo semental que acababan de comprar para montar a las yeguas. Un empleado de origen magrebí se encargaba de controlar al caballo.

Sin saludar, Antonio llegó hasta su padre y se situó a su lado apoyándose también en la valla y mirando al semental.

–Es precioso –dijo.

Su padre afirmó con la cabeza.

–Este animal es el futuro de la ganadería, Antoñico. Mira cómo se mueve.

Mohamed, el empleado magrebí, se volvió hacia Antonio y éste le saludó mientras seguía conversando con su padre:

–Con lo que nos ha costado, tendría que saber bailar.

Su padre quiso demostrarle que su comentario no era tan descabellado y gritó a Mohamed:

17

—¡Rubio, sácale el *passage* al caballo!

Paco, que así se llamaba el padre de Antonio, acostumbraba a llamar Rubio a Mohamed como chiste simpático por el color tan oscuro de sus cabellos y su piel. En las arrugas de su joven pero curtida piel se dejaban entrever las horas de duro trabajo, y era difícil poder asegurar la edad del joven.

Mohamed puso el caballo al trote y tiró de las riendas con suavidad, mientras rodeaba con sus piernas el vientre del animal. El caballo reconoció la orden y comenzó a realizar un paso en suspensión que, por momentos, parecía dejarlo en el aire. Tanto Paco como su hijo se mostraron orgullosos con la nueva adquisición.

Por fin, y sin dejar de mirar los pasos del caballo, Paco preguntó a su hijo por el viaje.

—¿Cómo te ha ido por la ciudad, Antoñico? ¿Has aceptado el trabajo?

—Les he pedido una semana para darles una respuesta.

Por fin miró a su hijo a la cara.

—¿Una semana? —le regañó—. ¡Es una empresa con gran futuro! Antoñico, que la vida en el campo es muy dura...

—Igual que en la ciudad. Además, a mí me gusta estar aquí, con mi gente. No te digo que no acepte el trabajo, pero déjame que lo piense.

—Hijo, las oportunidades sólo pasan una vez.

—Les he dicho que tengo más ofertas. Se han asustado y no quieren perderme. Sabrán esperar una semana.

—Si quieres esperar una semana, hazlo. Pero ten la respuesta a punto. Y esa respuesta sólo puede ser una: sí. Haz caso de mi experiencia y vete a la ciudad. De lo contrario, algún día puede que te odies a ti mismo por no haberlo intentado.

—¿Odiar yo? El odio no es rentable, te hace perder demasiado tiempo.

Paco apartó la mirada de su hijo. Ya le había dicho todo lo que tenía que decirle. La decisión era de Antonio. Volvió a mirar al caballo, que seguía trotando:

—¡Rubio, ya está bien por hoy! ¡Llévate el caballo a la ducha!

Antonio también decidió retirarse.

—Voy a ver a *Zafiro*.

—Oye, Antoñico —le retuvo su padre—, ¿cuáles son esas otras ofertas de trabajo que les has dicho que tienes?

Antonio sonrió de forma irónica:

—¿Ofertas? ¿Qué ofertas?

Sin más, se fue a ver a su caballo. Paco se quedó solo, sonriendo por la inteligencia de su hijo al colarles un farol. Siempre se había sentido orgulloso de él, de su único hijo. No se arrepentía de haberlo enviado a la ciudad a estudiar en un internado durante tantos años, aunque eso lo hubiese alejado de sus amigos y de él mismo, porque sabía que era en beneficio de su futuro. Sí, Antonio tenía un gran futuro. Aunque tras terminar la carrera había regresado al hogar, Paco estaba dispuesto a volver a perderlo si con ello conseguía ese cargo tan importante en la empresa de telecomunicaciones que le estaba tentando.

Antonio se encontraba en una disyuntiva: sabía que su futuro estaba lejos del pueblo, pero por otro lado le encantaba la vida rural y se lamentaba por no haber podido aprovecharla mejor: se sentía muy a gusto en su ambiente, con sus tradiciones, sus amigos, las bromas que compartían... Sí, lo que más iba a echar de menos, si se iba del pueblo, era esa relación de complicidad tan especial que compartía con sus amigos. Desde niño, había mantenido una amistad muy especial con cuatro chicos del pueblo y, a pesar de ser muy diferentes entre sí, se habían convertido en inseparables: Guillermo, Carlos, Roberto y David. Precisamente, este último estaba a punto de casarse y los demás le habían preparado una despedida de soltero. Sólo había un bar en el pueblo, al que todos acudían y donde se habían corrido las mejores juergas. Y allí era donde habían preparado la fiesta.

Antonio se estaba peinando frente al espejo del cuarto de baño. A pesar de su aspecto descuidado, en el fondo le preocupaba su imagen, le gustaba cuidarse y ofrecer una buena presencia. El trabajo con la yeguada era duro, pero gracias a él había esculpido un cuerpo atlético que procuraba conservar haciendo ejercicio. Ya no era un adolescente y, aunque seguía considerándose joven, desde que había superado la barrera de los treinta se esmeraba por seguir siendo atractivo. Además, era consciente del interés que despertaba entre las chicas del pueblo, especialmente en una de ellas...

–Vamos, papá, anímate y ven a tomar una copa con nosotros –le invitó Antonio, desde el cuarto de baño, al percatarse de que su padre estaba en el comedor barriendo.

La despedida de soltero estaba abierta a cualquier persona. No en vano, al celebrarse en el bar del pueblo, estaban convencidos de que al final iba a participar todo el mundo que estuviera presente. Sin embargo, Paco desestimó la invitación.

–¿Para celebrar que ese loco de David se va a casar? No quiero ser cómplice de un sacrificio humano.

–La despedida de soltero es sólo una excusa para divertirnos.

–No se va a divertir tanto David cuando esté casado con esa bruja. Es igual que su padre: intransigente y arrogante. De tal palo tal astilla.

–Pues más motivo para que hoy estemos junto a David, ¿no te parece? Es su último día antes de la boda.

Antonio cogió su cepillo de dientes.

—Ve tú, hijo, y pásatelo bien. Así me quedará la casa para mí solo: he hecho planes...

Sorprendido, Antonio asomó la cabeza con el cepillo de dientes en la boca.

—¿Tienes un rollete? —inquirió, sonriendo—. O sea, que todas las excusas que me has estado dando eran porque tienes un rollete, ¿eh?

El timbre de la puerta interrumpió la conversación.

—Voy yo —indicó Antonio—. Será Guillermo.

Antonio había acordado que Guillermo pasaría a buscarle para ir juntos al bar. Éste era el mayor del grupo, sobrepasaba ampliamente los cuarenta. Era el amigo con el que mejor se llevaba Antonio, el que le tenía más confianza. Más que como amigo, lo había considerado siempre como su hermano mayor. Mucha gente en el pueblo no entendía cómo podían ser tan amigos cuando los separaban tantos años y eran tan diferentes. Sin embargo, ellos habían sacado provecho de esa casualidad llamada años, aprendiendo el uno del otro. Sobre todo Antonio, consciente de la rica mina de experiencia que tenía en forma de amigo. Para Guillermo, el estar con chicos mucho más jóvenes que él parecía obrar un efecto rejuvenecedor, tanto física como, sobre todo, mentalmente. Siempre era el primero en apuntarse a la hora de ir a tomar unas cervezas y el último en irse a dormir. Y a pesar de ser un poco la voz de la conciencia, siempre participaba en las «actividades» más excéntricas de los chicos.

—¡Hola, Antonio! ¿Listo para el gran golpe?

—Dos minutos y nos vamos. Entra.

Antonio cerró la puerta tras él y juntos se dirigieron hacia el comedor, donde se encontraron con Paco, que seguía barriendo.

—Coño, Paco, ¿qué haces barriendo? —le recriminó Guillermo—. ¿No te vienes con nosotros?

Antonio guiñó el ojo a Guillermo.

–Tiene otros planes...

–¿Otros planes? –sonrió burlón, siguiendo el juego a su amigo–. ¿A tu edad?

–Sí, sí, a mi edad, pero aún os doy cien vueltas. ¡Que vosotros no ligáis ni pagando! Yo a vuestra edad ya estaba casado y era padre.

Antonio regresó al cuarto de baño, para terminar de cepillarse los dientes. Mientras, Guillermo continuó charlando distendidamente con Paco.

–¿Y quién es la afortunada? ¿La conocemos?

–Aquí nos conocemos todos. Así que, como soy un caballero, por mi boca no va a salir ningún nombre...

Paco terminó de barrer en el instante en el que Antonio salía del cuarto de baño y se apuntaba a la charla.

–¿La conociste en una excursión de jubilados?

Guillermo rió la broma de Antonio.

–Sí, sí, reíros –se quejó Paco–, pero esta noche yo seré el único al que le van a calentar la cama. Y ahora largaos, que estará a punto de llegar.

Los dos jóvenes siguieron riendo y Paco los amenazó alzando la escoba, de forma simpática. Finalmente, se encaminaron hacia la puerta.

–Bueno, Paco, que haya suerte –se despidió Guillermo–. Y si te dejan plantado, puedes unirte a nosotros: estaremos donde siempre.

–Sí, donde siempre, con los de siempre y haciendo lo de siempre.

Guillermo se quedó serio: el viejo tenía razón. Pero, qué diablos, iban a una fiesta y no era momento para ponerse a reflexionar. Antonio decidió contribuir a que esa charla no terminara de forma seria: ya en la puerta, se giró hacia su padre y le indicó:

—Ah, por cierto, en mi mesita de noche tengo un par de preservativos. No vayas a dejarla embarazada...

Paco volvió a levantar la escoba y simuló perseguirlos, hasta que Antonio y Guillermo huyeron de la casa. Ya en la calle, aún tuvieron tiempo de oír los gritos de Paco.

—¿Tantos estudios y no te enseñaron un mínimo de respeto?

Guillermo reía y admiraba la estrecha relación de amistad que había entre su mejor amigo y su padre. De hecho envidiaba la manera con la que padre e hijo se trataban. Cualquiera que no los conociera diría que en lugar de unirlos un vínculo familiar eran dos amigos más.

Subieron al coche de Guillermo y lo arrancaron en dirección al bar del pueblo.

—Oye, Antonio —inquirió éste, al volante de su coche—, ¿es cierto lo del ligue de tu padre?

—No lo sé. Me acabo de enterar ahora. Igual es una bola para que no nos preocupemos por él.

—El pobre lleva solo desde lo de tu madre y de eso hace ya mucho tiempo...

Antonio asintió.

—Ojalá fuese cierto y encontrase a una compañera. Así no me costaría tanto trasladarme...

—¿Te vas a largar? Eso es que la entrevista de trabajo te ha ido bien.

Antonio volvió a afirmar con la cabeza, aunque en su rostro no había ninguna expresión de alegría...

Capítulo 3

El bar del pueblo estaba situado en la calle mayor. Había sido inaugurado a principios del siglo pasado y desde entonces pocas obras se habían hecho: seguía conservando toda la personalidad y el carácter de antaño, como si al cruzar su puerta se entrara en el túnel del tiempo. En ocasiones, los propietarios habían pensado en sustituir los anticuados bancos de madera por otros más confortables, pero siempre se habían echado atrás al deducir que cualquier cambio echaría a perder los distintivos propios del local. El único avance que respiraba progreso había sido la colocación de un televisor, en uno de los extremos elevados del local, allá por los años 70. El de ahora era en color, pero sólo lo encendían cuando daban fútbol. El resto de los días no valía la pena, porque los gritos de la gente impedían escucharlo. Al tratarse del único local de diversión del pueblo, siempre estaba lleno. Y no importaba la edad: allí se mezclaban desde ancianos con su partidita de dominó hasta adolescentes saboreando sus primeras cervezas.

Don Pablo era el actual propietario del bar. Un hombre serio, muy trabajador pero de difícil trato, que regentaba el local junto a su esposa y su hija Virginia. Nunca cerraban, ni siquie-

24

ra en los días festivos. El bar de don Pablo era un punto de encuentro, y si tuviera las puertas cerradas, los vecinos las echarían abajo.

Antonio y Guillermo entraron en el bar. Como siempre, una nube espesa de tabaco los cegó y un olor a sudor les golpeó la nariz. Pero era una sensación familiar y no les molestó. El local, como era habitual, estaba a rebosar. La gente charlaba, bebía y hacía mucho ruido. Predominaba la clientela masculina, aunque también había algunas mujeres, en su mayoría jóvenes. Antonio divisó al instante a Virginia, que luchaba por abrirse paso entre la gente con una bandeja en la que llevaba un par de jarras de cerveza. Era la única camarera: su madre no solía trabajar más que un par de horas en la cocina, y se iba tan pronto como dejaba preparadas las cuatro o cinco cosas más elementales. Y su padre atendía en la barra y cobraba en la caja.

La piel blanca de Virginia contrastaba con las manchas de sudor de su ropa. Allí hacía un calor espantoso. Se había desabrochado el botón superior de la camisa, provocando un generoso escote y mostrando parte de los pechos cada vez que se agachaba para servir en alguna mesa. Ella no era consciente del deseo que despertaba entre los hombres, su timidez la llevaba a autorrechazarse, a considerarse poco agraciada. No en vano, al compararse con el resto de sus amigas, mucho más liberadas que ella, se sentía desdichada.

Virginia llegó hasta una mesa donde estaban dos de los mejores amigos de Antonio: Carlos y Roberto. Les sirvió las jarras de cerveza.

—¡Gracias, maja! —le agradeció Roberto, con su habitual y exagerado tono burlón.

Por su parte, Carlos, tan bruto como siempre, cogió su jarra

25

y bebió como si hubiese regresado de una travesía por el desierto.

—¿Me pagáis ahora? —inquirió ella fríamente, entregándoles el ticket de caja.

Roberto negó con la cabeza.

—Eso guárdalo para David, que hoy paga él.

Virginia recogió el ticket y se alejó de la mesa, protestando por la cara dura que tenían los amigos de David, bajo la atenta mirada de Roberto y Carlos.

—Está buena, la tía —dijo Carlos, sin dejar de mirarla ni soltar la jarra—. Si no fuera tan marimacho, sería un bomboncito.

—Virginia sólo tiene un problema: su padre.

—Menudo desgraciado, ni vive ni deja vivir.

—Recuerda lo que le pasó a Pedro, encima que fue Virginia la que decidió dejarlo, va su padre y le prohíbe la entrada en el bar.

—No sé qué es peor, que te deje tu novia o que te prohíban la entrada en el único bar del pueblo.

—Lo peor es lo que le pasó a él: las dos cosas a la vez.

Carlos sonrió, asintiendo a las palabras de su amigo.

—Si hay otras vidas, debió de ser un perro de cuidado, porque quedarte sin novia ya es jodido, pero no poder tomarte una cerveza con los amigos al acabar el trabajo...

—Donde esté una buena cerveza...

Carlos y Roberto levantaron sus jarras y brindaron, justo en el momento en el que Antonio y Guillermo llegaban a su lado.

—¡Si seguís bebiendo así os vais a convertir en alcohólicos! —bromeó Guillermo.

—¡Tonterías! —negó Roberto—. Un alcohólico es aquel que bebe más que su médico.

Todos los amigos rieron la broma de Roberto. Guillermo y

Antonio tomaron asiento y preguntaron por la ausencia del protagonista de la fiesta: David.

–Igual su novia no le ha dejado venir a su propia despedida de soltero –siguió bromeando Roberto.

–Seguro que viene –garantizó Antonio, con su característica seguridad.

–Oye, oye –le recriminó Carlos–, una cosa es que tengas estudios y otra que seas vidente...

Entre los amigos se inició una discusión que, a ojos de un desconocido, hubiese podido parecer real, pero ellos sabían que estaban bromeando y que disfrutaban lanzándose ironías y golpes bajos.

–Pues el vidente se nos va del pueblo –les informó Guillermo–. Parece que los de la empresa de la ciudad le han convencido.

Roberto frunció el ceño.

–¿Tanta pasta te van a pagar?

–Si no es por la pasta, es por no aguantaros.

–Te van a comer en dos días.

Carlos se terminó su cerveza.

–¿Y ya tienes plaza de aparcamiento para el caballo?

Antonio no respondió a las provocaciones de su amigo más bruto. Guillermo salió en su defensa.

–Antonio, estás muy preparado. Pero es cierto que con eso no basta –colocó uno de sus brazos sobre los hombros de Antonio–. Te falta ser más..., ser más... como Roberto.

–¿Más guarro? –bromeó de nuevo Carlos.

–No. Más cabrón –sentenció Guillermo.

Todos se pusieron a reír, incluso Roberto. Entre ellos siempre había existido una gran camaradería.

Poco a poco fueron dejando de reír. Los recién llegados estaban sedientos y a los otros dos no les importaba repetir otra tanda de cervezas. Pero Virginia estaba demasiado ocupada atendiendo a los demás clientes y no pasaba cerca de su mesa. Mientras, los chicos seguían esperando a David. Roberto se serenó y quiso saber más sobre el futuro de su buen amigo Antonio:

–Ahora en serio, Antonio, ¿cuánto crees que aguantarás en la ciudad?

–Es algo que prefiero no plantearme. Ya es bastante duro pensar en dejar otra vez a mi padre. Y más ahora que me había acostumbrado a vuestras tonterías...

–Vaya, amigo –se quejó Carlos, sin poder abandonar la broma ni por un momento–, nos va a dejar colgados.

Roberto no pudo resistirse y siguió la broma de su amigo:

–Sí, menudo cerdo.

Guillermo quiso zanjar el tema porque, a pesar de las bromas, sabía que a Antonio le dolía:

–Eh, chicos, ya hablaremos de esto otro día. ¡Hoy nos toca consolar a David, que mañana se nos casa!

Los demás acataron la decisión de Guillermo, aunque no abandonaron las bromas. Carlos sacó un frasco de su bolsillo y lo mostró a los demás.

–¿Qué es? –inquirió Antonio, mientras Guillermo cogía el frasco y leía la etiqueta.

–Un laxante para David –les dijo Carlos, riendo.

Roberto también se puso a reír:

–¡Genial, a ver si conseguimos dejarlo pegado al váter y evitamos la boda!

–¿Te imaginas al cura preguntándole: «David, ¿quieres a María José por esposa hasta que la muerte os separe?». Y él contestando: «Sí, la quiero, pero ¿podría decirme si el váter queda lejos, padre?».

De pronto, Guillermo, que seguía leyendo la etiqueta, les llamó la atención:

—¡Pero si esto es laxante para las vacas!

Carlos asintió con la cabeza.

—Es lo que tenía más a mano. Qué querías, ¿que hubiese ido a comprar un frasco sólo para la ocasión? Además, en casa lo tomamos todos, hasta el burro.

Los demás rieron al pensar en el burro de Carlos.

—El otro día me encontré al veterinario, que venía de tu casa —Roberto no podía parar de reír— y me dijo que en treinta años de profesión no había visto un caso igual.

—Es un problema de oído: los ruidos fuertes se propagan en su cabeza como una onda expansiva y es cuando se altera. Tiene lo opuesto a estar sordo, sólo eso.

—¿Sólo eso? Pues el otro día, si mal no recuerdo, os destrozó la cuadra a patadas.

Carlos miró cínicamente a Roberto y aclaró:

—Sí, pero porque a algún imbécil se le ocurrió tocar el claxon del coche justo en la puerta. ¡¡Y con lo que retumba!!

—Sólo quería avisarte de que había llegado...

Guillermo volvió a interrumpirlos.

—Escuchad, aquí dice que con sólo unas gotas ya hace efecto.

Antonio, que se había mantenido al margen, entró de lleno en la broma.

—¿Sólo unas gotas? ¡Qué dices! —cogió el frasco de las manos de Guillermo—. Le vamos a echar el bote entero.

Los chicos notaron que de pronto aumentaba el jolgorio y las voces de la gente: acababa de entrar David. Algunos le felicitaban, mientras él buscaba con la mirada a sus amigos.

Carlos le rogó a Antonio que le devolviera el frasco para esconderlo. Éste lo hizo de forma disimulada.

Por fin, David vio a sus amigos y se acercó a ellos, con una amplia sonrisa.

—¡Hola, David! —le saludó Roberto, en nombre de todos—. ¿Qué tal llevas lo de la boda? ¿Dispuesto a tu fusilamiento?

—Mañana te vas a cagar... —le insinuó Carlos, sin poder disimular la risa.

También David rió la frase de Carlos, sin entender su doble sentido...

Capítulo 4

Mientras Antonio se divertía con sus amigos en el bar como si aún fueran unos chiquillos, su padre también se divertía a su manera: conversando. Asunción, una buena amiga suya, había ido a verle a la finca. Estaban los dos solos. Se conocían desde hacía más de cincuenta años y siempre habían mantenido una buena amistad. Pero el destino les deparó matrimonios distintos, y aunque seguían viviendo en la misma población, su relación no prosperó.

Paco era viudo desde hacía unos diez años, pero Asunción seguía casada, por lo que su presencia allí era un acto de temeridad que él agradecía. A su vejez, ambos estaban viéndose a escondidas como si fueran dos adolescentes. Y esa actitud era lo que los mantenía vivos.

Ambos comentaban la fiesta a la que Antonio había acudido: la despedida de soltero de su amigo David, que se casaba con la hija de don Braulio, un hombre de una edad parecida a la de Paco y Asunción. Ellos le conocían muy bien, habían sufrido toda la vida su carácter prepotente y despótico. Don Braulio era la persona más rica e influyente del pueblo. Era tan listo que, en lugar de presentarse a alcalde para dirigir el destino de

31

la población, había logrado que saliera elegido un hombre de paja a su servicio, al que podía controlar a su antojo. Y en el supuesto de que las cosas no funcionaran como se esperaba, era el alcalde el que se llevaba los palos.

El marido de Asunción tenía un carácter parecido al de don Braulio: también insistía en hacer prevalecer su opinión sobre la de los demás. No en vano, ellos dos –el marido y don Braulio– se llevaban tan bien. Y compartían asimismo un gran deseo por amasar dinero. El resto de los vecinos los odiaba y los temía por igual. Paco no comprendía cómo Asunción había llegado a casarse con un hombre como su marido.

–Eran otros tiempos... –intentó justificar Asunción–. Entonces erais los hombres los que elegíais, no como ahora.

–No es verdad, si yo hubiese podido elegir, te hubiese elegido a ti. Las mujeres siempre habéis tenido la última palabra. Antes y ahora. Y si no, fíjate en Antoñico: treinta años y sigue soltero.

–Porque quiere. Hay muchas chicas en el pueblo que suspiran por él. Pero tu Antonio siempre ha pensado más en el futuro... ¿Y sabes una cosa?, hace bien. Es el único joven de aquí que hará algo de provecho. El pueblo le viene pequeño...

Paco asintió, orgulloso, sin sospechar que, en el bar del pueblo, Antonio estaba perdiendo los papeles disfrutando de lo lindo al lado de sus amigos de juerga: entre todos habían desnudado a David y lo habían atado a una silla que habían colocado sobre la mesa. La despedida de soltero estaba subiendo de tono.

–Pero ¡qué capullos sois! –les insultó David, riendo–. ¡Os vais a cagar cuando salga de aquí!

–¿Lo habéis oído? –Carlos guiñó un ojo a los demás–. Que nos vamos a cagar. Mira que es cachondo...

Las demás personas que estaban en el bar y que no participaban de la fiesta, señalaban a David y sonreían. Virginia se acercó a los chicos con la bandeja de los cafés.

–¡Virginia, ayúdame! –imploró David–. ¡Que éstos son capaces de dejarme así hasta mañana!

Virginia prefirió no responder y se limitó a repartir los cafés.

–Aprovecha, Virginia –le insinuaron los demás–, ahora que está atado y desnudo. Aprovéchate de él.

Virginia por fin alzó el rostro hacia David, simulando una mirada lasciva.

–No sé –dijo, irónica–, creo que es demasiado hombre para mí...

Los demás se burlaron de su frase.

–¿Demasiado hombre? –apostilló Roberto–. Cómo se nota que tienes poca experiencia...

Virginia se sintió ofendida y, altiva y sin responder, se alejó de allí. Los chicos, salvo Antonio, no dieron importancia al enojo de la chica y siguieron con sus bromas. David rogaba que lo soltaran o, por lo menos, que le dieran algo de beber. Virginia le había traído su café, pero Carlos se negó a que se lo tomara.

–No, que se va a poner nervioso y esta noche no va a dormir. Mejor que se acabe la bebida.

Carlos guiñó un ojo a los demás y acercó a David su jarra de cerveza, donde al principio de la cena le había echado el laxante. Los chicos apenas podían aguantarse la risa. Antonio, en cambio, parecía más distante; incluso se levantó de su silla para irse.

–Y tú, ¿adónde vas? –inquirió Guillermo, extrañado.

–Virginia no me ha traído la cucharilla.

Guillermo se tranquilizó e incluso pidió a Antonio que aprovechara el viaje y trajera algo más de beber.

–Pero si hay de sobra.

–No a este ritmo.

Antonio asintió y se alejó de sus amigos, en dirección a la barra del bar. Allí estaba Virginia, de espaldas, buscando una botella de whisky en uno de los estantes.

–Camarera –le llamó, de forma teatral–, se le ha olvidado a usted la cucharilla.

Virginia, al oír su voz, se volvió hacia él con una sonrisa pícara y le mostró la cucharilla que tenía en sus manos. Antonio se dio cuenta de que el cubierto había sido sólo un cebo para provocar que él se acercara.

–¿De verdad? –la chica también habló de forma teatral–. Últimamente tengo unos despistes...

Antonio cogió la cucharilla que le entregaba Virginia y los dos sonrieron.

–¿Vas a venir mañana a la boda?

Ella dejó de sonreír.

–Imposible. El domingo es el día que más comidas hacemos. Mi padre me mataría si me tomara el día libre...

Antonio miró al padre de Virginia, que estaba en la caja registradora:

–¡Estoy hasta las narices de tu padre! Parece que quiere hacerte la vida imposible.

–Podríamos quedar pasado mañana –propuso la chica, mientras le hacía un gesto a Antonio para que bajase la voz–. El lunes es mi día libre.

Él miró a Virginia de forma dura.

–Tengo algo que decirte, pero el lunes por la mañana he quedado para ir a pescar.

A Virginia le encantaba esa mirada de Antonio.

–Y yo tengo que ir a la peluquería. Podemos quedar más tarde. Pasaré por la yeguada de tu padre después de comer.

Antonio provocó un silencio y ella se mantuvo a la espera. Finalmente, el joven dijo torciendo su sonrisa:

—Tendré listos los caballos.

Sin más, se dispuso a regresar junto a sus amigos.

—Antonio —inquirió la chica, curiosa—, ¿qué es eso que tienes que decirme?

Él frunció el ceño, de nuevo de forma teatral.

—¿Te puedes creer que no me acuerdo? Hasta el lunes...

Virginia no deseaba esperar hasta el lunes para poder encontrarse a solas con Antonio. No deseaba, en definitiva, tener que ocultarse.

—Si fueses un hombre, hablarías con mi padre y le explicarías lo nuestro, así no tendríamos que escondernos de este modo.

Antonio se volvió por última vez hacia Virginia.

—Exacto, si fuese un hombre. Ah, y que yo sepa, todavía no hay nada que explicar.

Ella se quedó mirando como él se alejaba. La personalidad que tanto le atraía, también la incomodaba.

«Lo sé. Pero podría haberlo...», murmuró Virginia para sí.

Un grito de don Pablo la devolvió a la realidad: había clientes esperando.

En la mesa de los chicos, David bebía de su jarra.

—¡Cómo aguanta, el cabrón...! —Roberto hablaba en voz baja a Carlos, pero Antonio, al regresar, pudo oírles—. ¡Aún no le ha hecho efecto...!

—Y eso que le he puesto medio bote...

—Como es para vacas, igual tarda más...

—Mientras funcione para mañana...

Antonio no pudo evitar sonreír, aunque David no se dio por aludido. A aquél le encantaba el compañerismo que reinaba entre sus amigos, siempre gastándose bromas entre ellos y tan unidos, aunque algunas veces superasen los límites de la permisibilidad, como en el caso del laxante: efectivamente, el contenido del frasco que los chicos habían vertido en la jarra de David empezó a hacer su efecto aquella misma noche, pero prosiguió al día siguiente, precisamente cuando el novio estaba en el altar atendiendo a las palabras del cura.

María José, la hija de don Braulio y futura esposa de David, se percató desde su llegada a la iglesia de que él no estaba bien, pero lo atribuyó a los lógicos nervios del momento; ella misma se sentía igualmente nerviosa. Varios de los invitados también se dieron cuenta de que David se retorcía más de lo normal, pero sólo sus amigos más íntimos sabían exactamente qué le estaba pasando. Incluso el cura detuvo su sermón para preguntarle si se encontraba bien.

–¿Tiene váter en la sacristía? –balbuceó el novio, a punto de estallar.

–¿Cómo dices, hijo? –respondió el cura, creyendo no entender lo que le preguntaba.

–¿Que si tiene váter, coño? –inquirió el contrayente, creyendo reventar.

–Esto..., sí... –respondió sorprendido el cura–. ¿No puedes aguantarte, hijo...?

Pero ya no recibió respuesta: David salió disparado como una bala en dirección a la sacristía. Entre los invitados crecieron los murmuros. María José, la novia, se volvió hacia sus padres con el rostro descompuesto y confundida. Don Braulio montó en cólera y, sin mediar palabra ni mirada con nadie, se encaminó hacia la sacristía. El cura se apresuró a seguirle, mientras la novia estallaba en llanto y se sentaba para no caer desmayada al suelo.

—¿Dónde está mi yerno? —rugió don Braulio, en la sacristía. El cura le señaló la puerta del lavabo, mientras se interesaba por el novio.

—¿Estás bien, hijo?

—¿Sólo tiene este papel?

Don Braulio se abrió paso y se situó junto a la puerta.

—¡David!, ¿qué diablos te pasa?

El cura se santiguó.

—¡No mencione al innombrable aquí, don Braulio...!

—No lo sé... —respondió David desde el interior—. Debió de sentarme mal algo que cené ayer...

—¡Y una mierda! ¡Esto es culpa de la borrachera que debiste pillar anoche! ¡Te vas a enterar, hacerle esto a mi hija en el día de su boda!

El cura volvió a santiguarse por las barbaridades que estaba oyendo. Don Braulio se dio cuenta de que se estaba excediendo en sus palabras y, para disculparse, cogió su cartera, extrajo un billete de los grandes y se lo entregó al cura.

—Tenga, para los pobres.

Capítulo 5

Un riachuelo cruzaba el pueblo. Su caudal y profundidad eran escasos, apenas cubría hasta la cintura, aunque había zonas donde llegaba a los dos metros y los jóvenes del lugar lo aprovechaban para lanzarse de cabeza desde unas rocas. Antonio y sus amigos también se habían lanzado desde las rocas, pero de eso ya hacía mucho tiempo. Se habían divertido muchas veces en ese riachuelo, montando algunas de sus habituales juergas. Pero todo eso había quedado atrás y ahora se limitaban a ir a pescar.

Antonio era un gran aficionado a la pesca, su padre le había enseñado bien. A Guillermo también le gustaba pescar. Ambos adoraban la quietud de la hierba, el murmullo del agua y la paz que invitaba a estarse horas y horas esperando a que algún pez picara. Sobre todo, agradecían la sensación de calma en un día de resaca como ése, tras el banquete de boda de David y María José.

Carlos y Roberto también habían acudido al riachuelo con sus amigos, pero ellos no pescaban. Su resaca era aún mayor y habían decidido tumbarse en la hierba y cerrar los ojos, intentando apaciguar los figurados ruidos de los tambores que retumbaban en el interior de sus cabezas.

Antonio y Guillermo se volvieron para mirar a Carlos y Roberto y sonrieron.

—Menudo estrés llevan estos dos —se burló Antonio.

Guillermo asintió con la cabeza, sin soltar la caña.

—A veces pienso que son los tíos más felices del mundo.

Antonio simuló ser un cura.

—Felices los que nada esperan porque nunca serán defraudados. —Guillermo sonrió y Antonio continuó, más serio—: Como no aspiran a tener más de lo que ya tienen, todo lo que les cae de más lo reciben como un regalo. —Hizo una pausa y prosiguió—: ¿Sabes una cosa, Guillermo?, estoy pensando que ésa es la verdadera felicidad.

Guillermo procuró desdramatizar y volvió a mirar al riachuelo.

—Te conozco tanto que sé que estás hablando de ti y no de ellos dos. ¿Acaso te estás acobardando? Ése no es tu estilo.

—¿Estilo? —también volvió a mirar al riachuelo—. Que yo sepa, aún no se ha inventado ningún libro que te marque el estilo de actuar en cada ocasión. Es más, ni siquiera tú, con toda la experiencia que has acumulado a lo largo de estos años, podrías decirme sin temor a equivocarte si de verdad debo aceptar la oferta y marcharme a la ciudad.

—O sea, que estás acojonado.

—¿En serio crees que estoy acojonado?

—¿No lo estás?

—¿Quieres saber la verdad? Me tiemblan hasta las uñas.

Los dos amigos estallaron en una carcajada.

—Y lo más curioso es que no tengo miedo por mí, sino por dejar a mi padre solo.

—Él nunca se perdonaría que te quedases por su culpa. Incluso cuando tu madre os abandonó, él siempre la exculpaba diciendo que su mundo era otro y que bastante había aguantado en un lugar tan pequeño y diferente a ella, sin nada de todo aquello a lo que estaba acostumbrada. Y eso lo decía un hombre con el corazón roto...

–¿Te crees que no lo sé? Se lo he escuchado decir cada vez que le preguntaba por ella. Y nunca oí un reproche ni una mala palabra en su contra. Incluso se le iluminaban los ojos al recordar el talento que tenía y lo guapa que era. Yo siempre entendí que mi padre cayera en la depresión más absoluta...

–Aun así, hay que reconocerle el mérito y el valor al enviarte a estudiar lejos, intentando mantenerte apartado de todo lo que a él le estaba matando. Y a una de las escuelas más caras y prestigiosas. Antonio, eres un tipo con suerte al tener a Paco como padre. Por eso valoramos tanto la lección que aprendiste durante este tiempo: ser el mejor de tu promoción y volver junto a tu padre para devolverle el orgullo que había perdido.

–Ves, ahí te equivocas. ¿Sabes la lección que de verdad aprendí durante todo este tiempo? Que pueden romperte el corazón en mil pedazos y, sin embargo, seguir rotundamente enamorado de quien te lo ha destrozado...

Guillermo no encontró palabras para replicarle y se limitó a asentir a las contundentes palabras de Antonio.

De pronto, éste notó un fuerte tirón en su caña.

–¡Mira, han picado!

Guillermo sonrió y pensó que, efectivamente, Antonio era un tipo con suerte. Tenía todo lo que un joven podía desear: estudios, inteligencia, un físico agraciado y un futuro profesional prometedor. Sólo le fallaba su futuro personal, que se debatía entre seguir junto a los suyos o iniciar una nueva vida en una ciudad inhóspita para él. Y, sobre todo, le faltaba una mujer a su lado. Guillermo era el único que conocía su relación con Virginia. De momento no había nada serio entre ellos, y ahora, sabiendo que se iba, Antonio era aún más reacio a que lo hubiera. Él seguía considerándose un hombre libre, sin ataduras con nadie para levantar el vuelo, y volar.

Virginia era completamente diferente a Antonio, y mucho más introvertida. Le costaba abrirse a la gente, y no se le pasaba por la cabeza irse del pueblo. No había podido asistir a la boda de David y María José, pero iba a verse con él al día siguiente, después de ir a la peluquería.

Cuando Virginia entró en la peluquería, propiedad de Eva, la novia de Roberto, ésta estaba cortando el cabello a Laura, la pareja de Carlos.

–¡Hola, Virginia! –saludó la peluquera.

–Buenos días, Eva. Hola, Laura. ¿Puedes cortarme las puntas?

–Sí, claro. Cuando acabe con Laurita, estoy contigo. Siéntate allí que te lo lavaré primero.

Virginia se sentó delante del reposacabezas para lavar el cabello. Mantenía una buena amistad con Eva y con Laura, eran prácticamente de la misma edad. Les preguntó por la boda de David y María José.

–¿Aún no te has enterado? –inquirió Eva.

–Algo he oído. Por eso lo preguntaba.

–Sólo tenía ganas de ir al váter.

Las tres chicas se pusieron a reír.

Eva y Laura aprovecharon que Virginia había presenciado la despedida de soltero de David para preguntarle qué hicieron los chicos. Virginia, que no era tonta, se percató durante la fiesta del laxante que Carlos iba poniendo en la bebida de David.

–¡Claro, tenía que ser Carlos! –refunfuñó su novia Laura, aunque con cierto orgullo–. ¿Quién si no?

41

—Ya vi que el padre de María José lanzaba unas miradas asesinas a tu novio y al mío —comprendió Eva—, pero como ese hombre siempre parece enfadado, no le di mayor importancia.

—Eso es que él también sospechaba que algo ocurrió en la despedida. ¡Pues la armaron gorda!

—Y eso no es todo —añadió Virginia—. También desnudaron a David.

Eva y Laura se interesaron muchísimo por saber más de la fiesta y le rogaron que les contara lo del desnudo. Eva incluso dejó de cortar el cabello a Laura para poder escuchar mejor los comentarios de la camarera. A Laura no le importó, ya que ella también estaba interesada en saber cómo se divirtieron los chicos durante la despedida de solteros.

Virginia no tuvo reparos en confesarles que el desnudo de David fue integral. Las demás chicas le pidieron que definiese lo que había visto, pero ella prefirió no dejar mal a David y se limitó a confesar que los demás la animaron a que se aprovechara del momento, pero ella rehusó. Tanto Eva como Laura comenzaron a bromear sobre lo recatada que era su amiga, y dijeron que, en una situación tan alocada como una despedida de soltero, y sin tener pareja oficial, ellas en su lugar hubieran sacado provecho de la situación. Las chicas desconocían que Antonio era su pareja; aunque, quizá, tenían razón al pensar que no: su relación no tenía nada de oficial. Virginia hubiese deseado decirles que era la novia de Antonio, y dejarlas con un palmo de narices, pero no podía hacerlo porque en el fondo no era cierto. Por eso prefirió callar y tragarse su orgullo.

Todo lo contrario hacían los chicos: ellos no tenían secretos el uno para el otro, y hablaban sobre cualquier tema, por íntimo que fuese, sin darle la menor importancia. Mientras Virginia y sus amigas seguían en la peluquería, Carlos y Roberto continuaban tumbados sobre la hierba, junto al riachuelo, conversando.

–Roberto, ¿sabes qué estaba pensando?

Roberto miró a Carlos, incrédulo.

–¿Tú pensando? Vaya..., espero que no haya sido una experiencia demasiado traumática.

Carlos prosiguió sin hacer el menor caso al comentario de su amigo.

–Pensaba en cómo se sabe si una mujer finge los orgasmos...

–¡Hombre, Carlos, no me jodas! –Roberto gesticuló con las manos, mientras se incorporaba, para terminar sentado–. No me digas que no dejas satisfecha a tu Laurita.

Carlos seguía tumbado, pensativo, mirando al cielo.

–Yo creo que sí. Pero como apenas grita, no sé si finge o no.

–Pues la mía pega unos gritos que no veas. –Roberto cogió un paquete de cigarrillos de su bolsillo–. Ella sí tiene orgasmos y muchas veces varios a la vez.

Roberto no era ningún fanfarrón, pero sí tremendamente exagerado. Sin embargo, esta vez fue Carlos el que se incorporó.

–¿Varios a la vez? ¿Y cómo se hace eso?

Roberto encendió un pitillo.

–Préstame un día a tu Laurita y te lo demostraré.

–¿Y si te presto un par de hostias, no te vale?

–Mira, no hay nada peor que dejar insatisfecha a una mujer.

Roberto acercó el paquete de cigarrillos a Carlos, que tomó uno.

–Por eso estoy preocupado. A un hombre se le nota cuando acaba; pero ¿cómo se le nota a una mujer?, ¿cómo sé que ella también ha disfrutado? Es tan callada...

Roberto dio una calada profunda.

43

–O sea, que no la esperas.

–¿Esperarla? ¿Para qué?

–Joder, Carlos, para terminar juntos.

–¿Vosotros termináis juntos?

–La mayor parte de las veces. Y si a ti no te pasa, lo llevas mal. Porque esto es algo que no puede enseñarse: o lo sabes o no lo sabes, o lo tienes o no lo tienes. Es algo genético, que pasa de padres a hijos. Lo tenía mi abuelo, éste se lo pasó a mi padre y él me lo pasó a mí.

–Pero ¿de qué coño me estás hablando, tío?

–De instinto, macho, te estoy hablando de instinto. Lo que deberías hacer es preguntarle a tus padres si a ellos también les pasa, porque si les pasa no hay problema, pero si no, tiene difícil arreglo.

–Pero ¿tú estás bien de la cabeza? ¿Me estás diciendo que les pregunte a mis padres si acaban juntos al hacer el amor? ¿Te estás cachondeando de mí?

–Sí, sí, lo que tú quieras, pero a mí seguro que no me deja mi novia.

La novia de Roberto, Eva, ajena a las exageraciones de su chico, estaba hablando con sus amigas precisamente del mismo tema. Ya había terminado de cortar el cabello a Laura, cuyo resultado estaba mirando en el espejo, y Virginia, con el pelo mojado, se disponía a ocupar el lugar de Laura. A diferencia de los chicos, en el caso de ellas el tema había surgido a raíz de un comentario de Laura sobre lo profesional que era Eva con las tijeras y lo bien que sabía usar las manos. Tal comentario derivó hacia su connotación más erótica y Laura confesó que su novio Carlos, cuya fama de bruto le precedía, era muy torpe con las manos, aunque se apresuró a aclarar que sexualmente se entregaba al máximo. Incluso, muchas veces, le preguntaba si no le había gustado lo suficiente, ya que Laura no acostumbraba a gemir en la cama. Eva le recomendó que fingiera los gemidos e incluso los orgasmos, tal como hacía ella con su novio.

–A Roberto lo dejo contento porque se cree que, porque grito, ya me quedo satisfecha.

Laura comprendió que los gemidos no tenían nada que ver con el placer.

–Pero eso no es lo peor –añadió Eva–. Lo peor es tener que aguantar que me diga que eso en su familia se hereda de padres a hijos.

–¿Eso te dice? Tu chico está fatal de la cabeza. ¿Y tú cómo lo soportas?

–De la misma manera que lo soportaba su madre; y la madre de ella: con paciencia, mucha paciencia.

Virginia, que se había mantenido callada, las interrumpió con cierto aire de enfado.

–La que no tiene paciencia soy yo. Venga, menos charla, que tengo prisa.

Eva y Laura la miraron sorprendidas.

–Uy, chica, cualquiera diría que tienes una cita.

Pero Virginia prefirió no contestar...

Capítulo 6

Antonio estaba ensillando un par de caballos en la finca. Mohamed se había ofrecido a ayudarle, pero él le dijo que podía hacerlo solo. Además, no tenía prisa, y disfrutaba realizando ese tipo de cosas, ya que le ayudaban a relajarse. Posiblemente ésa fuera una de las cosas que más le gustaban de vivir en el campo, la sensación de no tener que rendir cuentas al tiempo. De ser uno mismo el que se marca las pautas. Su propio tempo. El tempo..., qué bonita palabra, y cuántas veces la había oído pronunciar en los labios de Aurora, su madre. Una mujer que lo dejó todo al conocer, por casualidad, a un joven y apuesto hombre de campo. Y justo cuando comenzaba a ser reconocida y a cantar en los mejores teatros y liceos del mundo. Fue en un viaje a Madrid, desde Sevilla, cuando la casualidad que algunos llaman destino, quiso que compartieran ocho horas de tren, en el mismo compartimento. Antonio intentaba no pensar demasiado en ella. No por rencor, sino más bien porque le entristecía. Pero algunas noches, delante de la chimenea, durante las largas charlas que solía mantener con su padre, Antonio le pedía que le contara la historia de cómo una prometedora cantante de ópera y él habían llegado a enamorarse. A Paco no le gustaba hablar de Aurora, pero entendía que su hijo quisiera saber más sobre ella. Y aprovechaba esos momentos para hacerle entender a su hijo lo valiente que había sido su madre por haberse ido con él, a vivir una vida tan diferente a la suya. Aurora murió siete años después de haberlos abandonado. Fue en un viaje a Praga, con motivo de un concierto benéfico en favor de Cruz Roja Internacional. Y cuando Paco conoció la noticia, no dudó un instante en coger un avión para hacerse cargo de la repatriación del cuerpo y de los gastos derivados del sepelio.

Por la cabeza de Antonio, como indigentes que vagan por solitarias calles, aún se entremezclaban ciertos recuerdos. Era imposible olvidar la cara que tenía su padre el día que fue al internado a recogerlo para llevarlo al entierro. La entereza que intentaba aparentar, y el cariño y la ternura con la que intentaba explicar a su hijo lo ocurrido...

Era ese tipo de cosas las que hacían que Antonio, más que admiración, tuviera auténtica idolatría por Paco. Y por eso le costaba tanto tener que decirle ahora adiós, aunque fuera por la última gran oportunidad de su vida.

Antonio había dejado a sus amigos en el riachuelo, pescando. Se lo había pasado muy bien con ellos y, sobre todo, había compartido una interesante conversación con Guillermo, que le había permitido oxigenar sus ideas. Era su amigo más íntimo, y al que más iba a echar de menos si finalmente se marchaba del pueblo...

Quien no estaba al corriente de la marcha de Antonio era Virginia. La chica, tras terminar en la peluquería, se fue andando hacia la finca de Antonio. Tenía muchas ganas de estar con él, aunque fuera a escondidas.

Antonio divisó a la chica, que se acercaba contenta. Se había calzado unas botas y unos tejanos apretados que le quedaban muy sugerentes.

–¡Hola, Antonio! –saludó–. ¿Llego tarde?

La miró y sonrió, pero sin dejar clara su respuesta. A Virginia le irritaba y a la vez le encantaba la aureola de misterio que siempre rodeaba a Antonio en todos sus gestos.

–¿Qué tal en la peluquería? –preguntó, terminando de ensillar a los caballos.

Virginia se sintió halagada por el comentario y lo manifestó con una amplia sonrisa.

–¿Se me nota?

–Me lo dijiste tú –fue el comentario de Antonio, jugando dialécticamente con Virginia.

La chica dejó de sonreír.

–Me he cortado un poco las puntas. A ti también te haría falta.

–A mí me gusta así.

–Una cosa es que te guste y otra que te quede bien –le respondió, atacando.

Antonio le siguió el juego y también atacó.

–Claro, y una cosa es que me importe y otra que me dé igual.

Virginia decidió desistir. No había forma de vencer dialécticamente a Antonio. Cuando más se le atacaba, más duro se mostraba. Por eso, decidió cambiar de tema y preguntarle qué era eso tan importante que tenía que contarle.

Antonio le sostuvo uno de los caballos y la invitó a subir. A continuación, él también subió a los lomos de *Zafiro*, lo espoleó y se fue. El caballo de Virginia, por inercia, le siguió.

Juntos, comentando las cosas que habían pasado en la boda de David, llegaron hasta una de las colinas del pueblo, en cuya cumbre se alzaba una casita antigua hecha con piedras y barro, de una sola planta, en bastante mal estado de conservación. La casa estaba lejos de cualquier sitio, aislada, pero rodeada por un paisaje hermoso, de verdes pendientes que se deslizaban hasta los valles. Incluso podía verse el mar a lo lejos, por la zona este. La brisa se había instalado allí permanentemente y su suave zumbido era la única compañía de ese rincón perdido en el mundo.

Antonio y Virginia se acercaron hasta la casa y se apearon de los caballos.

–Hacía siglos que no venía por aquí –dijo Virginia, mientras saltaba del caballo–. Queda lejos y tu abuelo me daba un poco de miedo.

Antonio cogió las riendas del caballo de Virginia y las ató a un poste de madera.

La chica siguió refiriéndose al propietario de la casita de la colina.

–Mi padre me decía que estaba loco y que no debía acercarme a él, porque era peligroso.

–Lo de tu padre es increíble, ¿no se cansa nunca de hacer amigos?

–Te aseguro que no es mala persona. Lo que pasa es que intenta protegernos demasiado. Mi madre y yo somos lo único que le queda y por eso intenta...

–No es lo que intenta, es lo que consigue –le interrumpió Antonio, mientras abría la puerta principal de la casa–. Te está haciendo la vida imposible y no permite que nadie se acerque a ti. Al final conseguirá que te quedes sola. Y te aseguro que no hay nada peor que eso. Lo sé por experiencia... Como lo sabe mi padre y como lo supo mi abuelo...

La puerta se abrió y Antonio la invitó a entrar. En el interior había poca luz. Algunas grietas permitían la entrada de rayos de sol muy marcados, que penetraban en la oscuridad. Antonio la acompañó por las distintas estancias de la casa: el recibidor era pequeño y sólo había un banco de madera carcomido. La cocina estaba llena de cacharros desordenados y en el comedor había una mesa y una sola silla, repletas de polvo. El último recinto era una habitación, donde había una cama antigua con un cabezal enorme de barrotes, un baúl, un armario y un perchero de pie con sombreros colgados y una capa. En las paredes podían observarse escopetas de caza antiguas.

A Virginia le pareció que había sido transportada en el tiempo y esa sensación le encantó. Aunque el lugar era lúgubre, tenía una magia especial y, además, estaba junto a la persona que más amaba. Se sentía segura allí. Y empezó a notar una sensación especial al observar de qué manera él le enseñaba y contaba cosas tan íntimas sobre la casa de su abuelo.

Antonio observaba los movimientos de Virginia con suma atención, como si la estuviera poniendo a prueba. La chica se interesó por las ropas que había en el baúl.

–Estos vestidos son realmente preciosos –exclamó–. Por cierto, ¿qué le pasó a tu abuelo? He oído todo tipo de cosas.

Antonio le respondió sin acercarse a ella.

–Mi abuela, a la que no llegué a conocer, se puso enferma, pero ningún médico acertaba a curarla. Ella debía descansar y pasar mucho tiempo postrada en la cama. Así que mi abuelo construyó esta casa por lo soleada que es y las vistas que tiene.

Virginia se volvió hacia Antonio con una sonrisa sincera:

–Tu abuelo debía de estar muy enamorado; y tu abuela encantada.

Él no sonrió.

–Mi abuela murió el mismo día en que acabaron de construir la casa. Así que mi abuelo decidió venirse a vivir aquí. Se alejó de todo y de todos.

Sin dejar de hablar, Virginia abrió el armario y se encontró con más ropa vieja colgada en percheros.

–Y según cuenta mi madre, tu padre tampoco tuvo mucha más suerte con tu madre...

Por fin Antonio se acercó a la chica.

–Veo que conoces la historia. A veces pienso que, si el futuro está escrito, alguien se lo ha pasado en grande escribiendo el nuestro...

Virginia se volvió y vio a Antonio junto a ella.

–No digas eso –respondió mientras se acercaba aún más hacia él–. Yo nunca te haré daño.

Antonio quedó sorprendido por el cambio de actitud de Virginia, dada la prudencia y timidez que siempre había mostrado. De hecho, ésta era una de las cualidades que más incomodaban a Antonio porque, según creía, le quitaban capacidad de sorpresa a aquella preciosa chica. Pero en el fondo también le atraía, porque mostraba el lado más inocente y sincero de la persona. Sin embargo, en aquel momento, Antonio se asemejaba al cazador cazado, y en esta ocasión calló, como tantas veces antes le había recriminado en secreto a ella. Virginia, mientras tanto, siguió hablando ajena por completo al efecto que sus palabras habían producido en el chico.

–¿Sabes una cosa? No me importaría nada venir a vivir aquí –aseguró, mientras miraba en todas direcciones, como si comenzara a considerar suya aquella vetusta casa, y planificando mentalmente cómo reformarla.

Antonio se dio cuenta de que Virginia se estaba confundiendo, que se hacía falsas ilusiones, que había extraído un sentido equivocado a su cita en ese lugar. Quiso deshacer el presunto engaño y le rogó que dejara de moverse y le mirara a los ojos. Su petición no fue muy acertada, ya que la chica creyó que iba a declarársele. Por eso, Antonio no dilató más el momento y le soltó la noticia directamente.

–Tengo una oferta para irme a trabajar a Madrid.

Virginia se quedó muda. Su sonrisa, el brillo de sus ojos, toda su ilusión se desvaneció por momentos. Antonio le permitió esos segundos de silencio y también se mantuvo callado. Finalmente, la chica consiguió articular unas palabras:

–De la manera en que lo dices, da la sensación de que la decisión ya esté tomada.

El que ahora no respondió fue Antonio. No quería hacerle daño. Ambos se sentían incómodos por la situación, ninguno de los dos deseaba que eso estuviera sucediendo. Virginia no pudo seguir mirándole a los ojos y desvió su mirada.

–¿Sabes..., sabes por qué nunca he querido enamorarme de ti? –le dijo, mientras notaba que un nudo en la garganta le dificultaba el habla–. Porque sabía que algún día te iba a perder. Era como un método de autodefensa.

–Los sentimientos no pueden controlarse...

Virginia quería mostrarse dura. Por lo menos, tan dura como Antonio. Quería estar a su nivel y ocultaba sus sentimientos, aunque le delataba una mano que jugueteaba de forma nerviosa con el botón superior de su camisa sin darse cuenta.

–Sí, claro... Antes te he dicho que yo nunca te haría daño... Pero tampoco quiero que tú me lo hagas a mí...

–Lo entiendo. Pero no siempre lo pasa peor el que se queda...

El botón con el que jugueteaba Virginia se descosió y cayó

al suelo. La chica no le dio importancia, esa pérdida no tenía ningún valor en ese momento. La pérdida verdaderamente significativa era la de su futuro con Antonio. La falta del botón provocó que la camisa se abriera de manera exagerada. Antonio, de forma amable, acercó sus manos a la prenda e intentó colocársela bien para cubrirle el escote, pero Virginia le cogió las manos para ponerlas a la altura de su corazón, presionando con fuerza como para que él pudiera sentir sus fuertes latidos. Quedaba claro que había entendido que la separación le iba a afectar a él tanto como a ella y prefería no pensar en ello. Virginia cerró los ojos para sentir el tacto de Antonio sobre sus pechos, tratando de aprovechar cada minuto al máximo, para que, cuando se fuera, nunca pensara en lo que no hicieron, sino en el recuerdo de lo que sí hicieron...

Antonio tomó a Virginia, la abrazó y la besó en los labios, de forma muy delicada. La chica, como si despertara de un larguísima letargo, también le besó. Juntos rodaron hasta la cama y se tumbaron en ella. Una nube de polvo salió del colchón y los envolvió, pero ninguno de los dos reparó en ello. Estaban entregados, se amaban de verdad. Antonio besó a Virginia por todo el cuerpo, a medida que la iba despojando de la ropa. Terminó de desabrocharle la camisa y le quitó el sujetador, dejando al descubierto lo que ya se intuía, unas formas perfectas que tan sólo el torpe aprovechamiento de la ropa que habitualmente vestía habían conseguido ocultar. Desde la redondez de sus senos, hasta la delicada sensualidad de su ombligo, todo en ella parecía esculpido por el mejor de los artistas. Antonio también fue despojándose de su ropa, sin prisas, hasta que terminaron los dos desnudos. Él, a pesar de su experiencia, estaba sintiendo un mundo de nuevas sensaciones, difícilmente comparables a las que había percibido hasta entonces. Y Virginia se dejó llevar por ese momento tan esperado, por ese momento irrepetible, por ese momento sin retorno... Tan sólo la casita de la colina fue testigo solitario.

Capítulo 7

Era media mañana cuando en la finca de Paco había una actividad poco habitual. Y no era por la yeguada, sino por Antonio. Había llegado el momento, y un extraño silencio recorría el ambiente. Se diría que incluso los caballos parecían darse cuenta de quién iba a marcharse del pueblo. Quizá fuera así. Antonio estaba convencido de que los caballos no sólo inspiran aire, sino que también lo «analizan», y pueden llegar a detectar cambios en el tiempo o incluso en el carácter de las personas tan sólo respirando. Todo depende de los matices que lleve impregnado el aire en cada momento. A lo mejor no era así, y todo se reducía a una idea romántica e idealizada sobre unos animales que eran una parte importantísima de su vida, y por los que sufría como si fueran su propia familia. Y en especial uno, *Zafiro*, un precioso caballo de capa torda, agitanado y elegante, con el que había compartido muchísimo tiempo y que era capaz de interpretar con una simple mirada lo que muchas personas no hubieran entendido con palabras.

Antonio y Guillermo salieron de la casa con una maleta cada uno y las colocaron en la camioneta. Paco los observaba.

—Rubio, échales una mano.

Mohamed, que estaba junto a algunos caballos, corrió presto a atender la petición de su jefe, aunque Antonio y Guillermo se valían por sí mismos.

Paco también se acercó a la camioneta. Era la hora de despedirse de su hijo.

—No te olvides de tu padre, Antoñico. Llámame por teléfono siempre que puedas.

Él asintió de forma sincera.

—Los que parece que se han olvidado de mí son mis supuestos amigos —simuló enfadarse.

Paco le explicó que a primera hora de la mañana habían venido Carlos y Roberto, pero para pedirle prestados algunos ladrillos, sin explicarle para qué los querían. Antonio intentó recordar si aquel par le habían hecho algún comentario relacionado con algún nuevo trabajo, pero era evidente que no había sido así. Aquello le hacía sospechar que estaban maquinando cualquier nueva locura, y tan sólo cabía esperar que no fuera alguna extraña manera de decirle adiós. Él, que había participado en las bromas que solía gastar la pandilla, sabía como nadie lo pesadas que podían llegar a ser.

—A mí me dijeron que iban a despedir a David y a María José —le aclaró Guillermo—. Hoy se van de luna de miel.

—Parece que hoy se va todo el mundo... —murmuró Antonio, melancólico.

Guillermo no le replicó. Paco tomó la iniciativa y quiso dejar claro que se sentía orgulloso de su hijo por el paso que iba a dar y que, por lo tanto, no era momento para melancolías.

—Cuídate mucho, Antoñico.

—Lo mismo te digo, papá.

—No te preocupes por mí. Ya sabes que estoy pensando en

comprar más caballos y ampliar la yeguada. Voy a tener tanto trabajo que ni me daré cuenta de que te has ido.

–Es lo que debes hacer, aprovechar el momento –el tono de Antonio era muy sincero–. Hace tiempo que te digo que compres más caballos. Es una buena inversión y la finca funciona muy bien. Me voy más tranquilo sí sé que las cosas te van bien a nivel profesional..., y a nivel personal.

Antonio y Guillermo se guiñaron un ojo. Paco simuló que no sabía a qué se referían y procuró que no le avasallaran con preguntas molestas sobre la identidad de su supuesta amiga. Los chicos sólo estaban bromeando y no tenían intención de ponerle en un aprieto.

Antonio, antes de subirse a la camioneta, anunció a los presentes que aún tenía algo por hacer. Sin dar más explicaciones, se dirigió hacia el establo y entró en él. Allí miró a *Zafiro*. Su caballo también le miró, con unos ojos tristes, como si supiera que ya no iba a verle más. Antonio le acarició el morro y el cuello. Estuvieron unos instantes mirándose. No hacía falta que Antonio le dijera nada, sus miradas hablaban por ellos. Le producía una enorme tristeza separarse de su caballo, lo iba a echar mucho de menos. Y *Zafiro* parecía expresar la misma opinión. El animal, una vez más, parecía entenderle.

Antonio terminó besándole el morro y se alejó de él. Al salir del establo, se volvió por última vez hacia el caballo y pudo ver que seguía mirándole fijamente con aquellos ojazos tan grandes y tristes. Se marchó cabizbajo.

En aquel momento llegaba a la finca un coche a toda velocidad, levantando una gran polvareda, del que se apearon Carlos y Roberto.

–Pensábamos que no ibais a venir –les riñó Guillermo.

Antonio se acercó al grupo.

–¿Se ha ido ya David de luna de miel?

–No –dijo Carlos–. Y no sé si se irán... Creo que han cambiado de planes... –miró a Roberto y ambos sonrieron.

Los demás pensaron que, una vez más, les estaban tomando el pelo y no insistieron en hacerles más preguntas. Era ya tarde y Antonio tenía que marcharse. Se despidió de sus amigos, dándoles un abrazo a cada uno. Cuando abrazó a Mohamed, éste no pudo reprimir las lágrimas y rompió a llorar. Finalmente, se fundió en un abrazo con su padre y se hablaron en voz baja, sin que los demás los oyeran.

–Que tengas mucha suerte, hijo...

–Quizá no lo consigo...

–Si no lo consigues pero lo has luchado, también habrá merecido la pena. No olvides nunca que vivir tu vida es algo muy difícil y que muy pocos lo logran.

Antonio asintió con una sonrisa amable a las palabras de su padre. Se separó de él, subió a la camioneta, la arrancó e hizo sonar el claxon para despedirse una vez más de todos.

Guillermo, Carlos, Roberto, Mohamed y Paco observaron la camioneta hasta que se perdió en el polvo del camino. Tras su marcha, se produjo un angustioso silencio, como si cada uno de ellos hubiese perdido algo de sí mismo. Ninguno dijo nada y se fueron separando lentamente: Paco y Mohamed hacia los caballos, Carlos y Roberto hacia el coche con el que habían llegado y Guillermo a pie hacia su casa. Lo único que permaneció fue el polvo que la camioneta de Antonio había levantado.

Como la finca estaba a las afueras del pueblo, Antonio no tuvo necesidad de pasar por el centro, pero sí por delante de la nueva casa de los recién casados David y María José. La habían estado construyendo durante los dos últimos años, en un terreno propiedad del padre de la novia, don Braulio, que también quedaba a las afueras del pueblo.

En el interior de la casa, María José estaba bajando por las escaleras que daban al recibidor, donde aguardaban dos maletas. Estaba nerviosa y su habitual mal carácter afloraba con mayor intensidad: tenían que coger un avión para iniciar su luna de miel y ya llegaban tarde.

–Vamos, David, date prisa o perderemos el avión... –le recriminó, mientras terminaba de colocarse una pulsera.

David apareció detrás de ella, abrochándose los pantalones. Su esposa dedujo que seguía teniendo problemas de diarrea y frunció el ceño. Aunque nadie se había atrevido a decirlo en voz alta, todos los presentes a la boda terminaron achacando los trastornos estomacales del novio a alguna broma pesada de sus amigos, cuya mala reputación les precedía por todo el pueblo. Incluso David y María José estaban convencidos de ello.

–Sólo por no ver a tus amigotes, este viaje ya merece la pena –sentenció María José.

–Tampoco se han pasado tanto. Sólo me hicieron la broma del laxante...

–¿Sólo, dices? ¿No te parece suficiente?

–Conociéndolos como los conozco, no. Aún me esperaba alguna broma más...

María José prefirió no seguir con la conversación para no irritarse más, cogió una de las maletas y se dispuso a abrir la puerta. David cogió la otra.

En ese mismo instante, Antonio pasaba por delante de la casa con su camioneta y pudo oír perfectamente el tremendo grito de María José, en una mezcla de rabia y desesperación, al descubrir la última broma que los amigos de su esposo les habían hecho. Antonio comprendió para qué querían los ladrillos

Carlos y Roberto: ¡habían tapiado la puerta principal de la casa! Antonio no pudo evitar soltar una gran carcajada. Sus amigos eran geniales: habían conseguido que se marchara del pueblo con una sonrisa de oreja a oreja. Estaba con la moral muy alta y totalmente predispuesto a ir en busca de su futuro. Estaba a punto de... acariciar un sueño.

Capítulo 8

Antonio experimentó una profunda sensación de orgullo cuando cruzó de nuevo la puerta del despacho del director de recursos humanos de la empresa Tecnofuture. Acababa de entrar un triunfador, una persona deseada por la empresa y él lo sabía. Los había tenido pendientes de su respuesta durante una semana y finalmente allí estaba.

Los años de oficio del señor Lafuente le otorgaban la experiencia suficiente para deducir que si Antonio había demorado tanto su respuesta, se debía a que estaba ante una persona fuera de lo normal. Y precisamente por eso, iban a tratarlo tal como correspondía. La empresa, por orden del señor Lafuente, se había encargado de buscarle un buen piso, en una zona inmejorable y cercana a las oficinas. Antonio, por el contrario, tan sólo debía rubricar aquella misma mañana, un contrato por el cual pasaba a formar parte de «una gran familia», como le gustaba llamar a la empresa al director de recursos humanos. Y debía poner todo su talento al servicio de ésta, aunque en ocasiones tenía la sensación de que pasaba a formar parte simplemente de una exclusiva y selecta élite de cerebros.

El señor Lafuente aceptó con agrado la contratación de Antonio. Era uno de los pocos expertos en DVB-T para Televisión Digital Terrestre que existían en el país y Tecnofuture tenía como objetivo llegar a liderar las nuevas telecomunicaciones a nivel europeo.

Tras aprobar todas las cláusulas del contrato y darlo por bueno para que los abogados de la empresa lo pasaran a limpio, el señor Lafuente descolgó el teléfono y marcó un número de dos dígitos, un número de línea interna.

–Alessandro, ¿puedes venir un momento? Gracias.

Colgó el teléfono y miró a Antonio.

–Voy a presentarle al que será su superior, para que le muestre la empresa. Alessandro es el máximo responsable del departamento en el que trabajará usted. Tendrán un contacto continuado y por eso es la persona más indicada para introducirle en los entresijos de la empresa.

Al cabo de pocos minutos, alguien golpeó a la puerta del despacho. El señor Lafuente dio su permiso y entró Alessandro, un hombre de reminiscencias italianas y alto, muy alto y unos seis o siete años mayor que Antonio. En su juventud aspiró a dedicarse profesionalmente al baloncesto, pero nunca pasó de ser un aficionado. Su aspecto era el de una persona preocupada por su imagen hasta el más mínimo detalle y su mirada profunda era la de alguien que pretende ser un ganador sin haberlo conseguido nunca. Su piel estaba morena, fruto de un interés por demostrar su pertenencia a una clase social acomodada. También la piel de Antonio era morena, pero en su caso lo había conseguido trabajando de sol a sol con la yeguada de su padre.

El señor Lafuente los presentó y ambos se dieron la mano. Alessandro le aseguró que había oído hablar mucho de él y que ya tenía ganas de incorporarlo a su equipo. Incluso añadió que había sido él quien había recomendado a la empresa su contratación, colgándose la primera medalla.

–Alessandro, le estaba diciendo que tú eras la persona ideal para mostrarle la empresa...

–¡Por supuesto! Vamos, Antonio; te presentaré a tus nuevos compañeros.

Alessandro y Antonio salieron del despacho y se dirigieron hacia un ascensor, con el que subieron cuatro plantas, hasta la zona reservada para el departamento de Investigación y Desarrollo, más conocido como I+D. Desde allí se encargaban de probar nuevos productos, prototipos y tecnologías para poner al servicio de la empresa.

El departamento estaba compuesto por un espacio común donde había cuatro mesas perfectamente equipadas con potentes ordenadores. Tres de esas mesas estaban ocupadas por dos mujeres y un hombre de edad parecida a la de Antonio y la cuarta mesa estaba vacía. Una puerta daba a un laboratorio tecnológico, compartido con otros departamentos. Al fondo había un despacho, separado por una cristalera del resto de mesas. Era el de Alessandro.

Al entrar en el departamento, los demás empleados miraron de forma disimulada al recién llegado.

Alessandro señaló la mesa que estaba vacía:

–Éste será tu lugar de trabajo.

Antonio asintió y se acercó a la mesa. Acarició el respaldo de la silla y se sentó para probarla. También abrió y cerró un par de cajones que, lógicamente, estaban vacíos. Su curiosidad no le hizo perder la compostura.

–Ven, Antonio. Éstos serán tus compañeros.

Antonio se levantó para que le presentaran a los demás empleados del departamento. Para acomodarse, se quitó la chaqueta y la colgó en el respaldo de su silla, quedándose en camisa de manga corta. Sus compañeras de trabajo se fijaron en los musculosos brazos de Antonio, fruto de inacabables jornadas de trabajo en la yeguada de su padre. Pero en lo que se fijó Alessandro fue en el detalle vulgar de dejar la chaqueta en el respaldo de la silla; con la mirada le señaló un perchero que estaba cerca de la puerta de entrada. Antonio lo entendió y obedeció, algo acongojado al percatarse de que acababa de cometer un desliz. Al resto de compañeros tampoco les pasó desapercibida esta falta de modales, pero no les pareció mal; incluso les divirtió.

Alessandro no dio más importancia al detalle y se dirigió a los demás presentando a Antonio como un superdotado al que no le costaría lo más mínimo ponerse al tanto de los últimos avances en DVB-T para TDT.

–Hay muy poca gente que pueda llegar a dominar plenamente una tecnología basada en el el DVB-T –destacó Claudia, la morena de las dos chicas.

–Sí, es algo muy nuevo –confirmó Antonio, sin dárselas de listo.

Alessandro acompañó a Antonio mesa por mesa, para realizar una presentación personalizada. Empezó por Diana, la chica rubia. Era muy guapa, pero transmitía un aspecto de mujer seria y fría, incluso calculadora. Tenía algo de enigmática. Diana se levantó y le dio la mano y dos besos, sin transmitir ningún sentimiento. Durante el instante de los besos, Antonio pudo oler un perfume suave y a la vez sofisticado que le llegaba del cuello de Diana.

El siguiente fue Raúl, el único hombre, exceptuando a Alessandro, del departamento. Raúl era delgado y llevaba gafas. Parecía ser una persona inteligente y humilde. También se levantó y le tendió la mano para saludarle de manera sincera y cordial.

–Me alegro de que haya otro hombre en el departamento –bromeó Raúl–. No sabes lo difícil que es estar todo el día aquí rodeado de mujeres.

–No te quejes, que muchos hombres ya desearían estar en tu lugar –replicó Claudia, la morena.

–Sí, sí. Ya me darás la razón cuando lleves unos días aquí.

Antonio sonrió.

–Creo que va a ser divertido.

Claudia lo miró de arriba abajo.

–Sí, yo también lo creo...

Alessandro aprovechó para presentársela.

–Ésta es la alegría del departamento.

Claudia se levantó y le dio dos besos de forma efusiva, al tiempo que aprovechó para palpar sutilmente con su mano los brazos de Antonio. Era una chica muy alegre y algo descarada.

Antonio extrajo una primera impresión satisfactoria de sus nuevos compañeros, con los que iba a compartir muchísimas horas en su nueva vida en la ciudad.

Una ciudad repleta de coches, de gente con prisa, de luces de neón, de polución... Todo eso era lo que Antonio veía desde la ventana del piso que la empresa le había alquilado. Estaba ubicado en un lugar muy concurrido, pero el ruido no llegaba a penetrar. La soledad y el silencio acompañaban a Antonio en su primera noche en la ciudad.

Sobre la cama tenía una maleta abierta, aún por deshacer. Empezó a sacar ropa y a guardarla. Entre la ropa encontró una fotografía de Virginia, que se asomaba por un bolsillo. Tras hacer el amor en la casita de la colina, la chica le había regalado su fotografía para que la tuviera siempre con él. Antonio la cogió y la colocó en un vértice del marco de un espejo que había colgado en la pared. Miró unos instantes la fotografía y sonrió de forma casi imperceptible: se le había ocurrido una idea. Sin terminar de deshacer la maleta, Antonio se dirigió a la mesita de noche, donde había el teléfono, e hizo una llamada.

Desde el otro lado de la línea le llegó un ruido confuso, de voces entremezcladas con música, que a él le resultó familiar: era el ambiente del bar de su pueblo. Se puso al aparato don Pablo, el padre de Virginia. Antonio preguntó por su hija, pero el ruido de la gente impedía a don Pablo escuchar con nitidez. Antonio insistió en poder hablar con Virginia, pero don Pablo tenía mucho trabajo en el bar y no prestó demasiada atención a la llamada. Se limitó a decirle que la chica estaba ocupada sirviendo mesas y que no podía ponerse al teléfono. Antonio le rogó que le dijera que la había llamado. Don Pablo asintió, de forma poco convincente, y colgó.

Al cabo de un rato pidió con un grito a su hija que se acercara, cargó la bandeja de la chica con algunas cervezas y le ordenó que las llevara a la mesa cuatro. Por supuesto, se olvidó de darle el recado...

Capítulo 9

Las siguientes semanas fueron difíciles para Antonio. En poco tiempo se había convertido en la persona más preparada del departamento, algo realmente complicado si tenemos en cuenta el tiempo que había pasado en el pueblo, alejado de su verdadero trabajo. Pero le costaba intimar con los demás. Su forma de ser campechana chocaba contra el esnobismo que se respiraba entre los empleados de Tecnofuture. Parecía como si todos siguieran el mismo patrón, el mismo código de conducta, estirado y reservado, en el que Antonio no conseguía ni perseguía encajar. Él había sido contratado para poner su «cráneo privilegiado» al servicio de la empresa, y no iba a permitir que nada ni nadie lo descentrara. Creía que se lo debía a su padre, y ese pensamiento era algo que solía repetirse para sí mismo, calladamente, en multitud de ocasiones a modo de juramento. Lo mucho que Paco había luchado por él años atrás, en momentos en los que cualquier otra persona se hubiera derrumbado, pesaban en la cabeza de aquel joven como un imaginario tributo que tuviera que pagar. Y pensaba devolvérselo con trabajo.

Su mesa era un auténtico caos, muy propio en él, con todas las cosas desordenadas pero sabiendo dónde estaban. Contrastaba con las otras mesas, inmaculadamente ordenadas y con todos los papeles y documentos bien clasificados.

Pero no solamente tenía desordenado su lugar de trabajo: el piso alquilado por la empresa estaba mucho peor, con cajas apiladas aún por deshacer, vídeos, papeles, ropa... Las prendas que había logrado sacar de la maleta ya las había usado y restaban sucias en un rincón de su dormitorio, a la espera de tener tiempo algún día para llevarlas a una lavandería; estaba totalmente volcado en su trabajo y no encontraba tiempo para los menesteres del hogar. Solía llegar tan tarde del trabajo, que lavaba en la bañera de casa a las once o doce de la noche, la camisa que debía utilizar al día siguiente. El secador de mano era su electrodoméstico más preciado, ya que lo utilizaba a modo de secadora.

Su forma de vestir para ir al trabajo no era muy adecuada: seguía colgando la chaqueta en el perchero al llegar y se pasaba el día en la oficina con la camisa desabrochada y remangada a la altura casi del codo. Y por supuesto, no llevaba corbata.

A Diana, su compañera de oficina, elegante y de buena familia (su padre había sido el delegado de España en la ONU), le molestaba tener tan cerca a una persona que no cuidaba su imagen. Había mostrado su desacuerdo con la indumentaria de Antonio en varias ocasiones. En cambio, a Claudia le parecía bastante sexy ver al nuevo empleado vestido de aquella forma. El contraste de la imagen de su rústico compañero con el del resto le parecía fascinante. Pero Diana no opinaba igual y un día estalló, al comprobar que hacía ya varias jornadas que Antonio llevaba una camisa con la misma mancha de café que se había hecho con la máquina que había en el pasillo, al lado de los ascensores.

−¿Vas a decirme que ésa es la misma mancha que te hiciste hace tres días?

Antonio respondió sin darle importancia:

—Sí, no se va. Da igual.

Claudia sonrió por la respuesta, pero Diana no.

—Antonio, ¿puedo darte un consejo? –le insinuó de forma borde–. Te lo digo como amiga, pero deberías mostrarte menos pueblerino.

Antonio comprendió la ironía, pero no se alteró, sino que se limitó a responder con el mismo estilo.

—Gracias por el consejo. ¿Te puedo dar yo otro? Tendrías que disimular ser tan frígida.

Diana se ruborizó y Antonio aprovechó para rematar.

—Y te lo digo como amigo.

La chica estuvo a punto de saltarle a la yugular, pero contuvo su rabia. Raúl dibujó una sonrisa al comprobar que por fin había llegado alguien al despacho que era capaz de poner a Diana en el sitio que se merecía.

Pero creándose enemistades no era la mejor manera para que Antonio se fuera familiarizando con el personal de la empresa. Muchos de ellos, incluso de otros departamentos, le criticaban su melena impropia para un ejecutivo de una gran empresa. Alessandro tuvo que interceder y recomendarle que cuidara un poco más su aspecto.

—Lo importante son los resultados, no mi imagen –se defendía Antonio.

—Tanto tú como yo sabemos que en el mundo de las ventas lo que realmente importa es el aspecto, lo demás es secundario.

Y Antonio no tuvo más remedio que cortarse un poco el cabello. No tanto como hubiesen preferido sus superiores, pero sí más de lo que él hubiera deseado. Sin embargo, no pensaba volver a hacerlo hasta que no volvieran a pedírselo. Además, ese aire descuidado le sentaba bien, y le ayudaba entre otras cosas a no tener que preocuparse por su aspecto, ya que simplemente no se peinaba.

Diana vio saciada su sed de venganza al ver a Antonio sin su melena. El potrillo salvaje estaba siendo domado... Pero él no tenía ojos para Diana, en el corazón de Antonio sólo había una mujer: Virginia. La había estado llamando desde su marcha del pueblo, pero todavía no había conseguido hablar con ella. Incluso la telefoneaba desde la oficina.

–¿Le puede decir a Virginia que me llame? –le rogó a don Pablo–. Al mismo número que le he dado a usted cada vez. Gracias.

Colgó y suspiró, preocupado. Diana, desde su mesa, se metió con él.

–¿Quién es esa tal Virginia? ¿Una novia?

Antonio disimuló su inquietud por Virginia y decidió contraatacar.

–Es una doctora que tiene que vacunarme contra la rabia –respondió con sarcasmo–. Hay muchas posibilidades de contraerla trabajando aquí.

Diana comprendió la indirecta y no prosiguió. Volvió a ocuparse de su trabajo y simplemente añadió.

–Haces bien. En esta ciudad vas a ser una presa fácil.

Antonio tampoco dijo nada más. Y lo peor era que Diana tenía razón: la ciudad era muy grande para Antonio, muy despersonalizada, muy inhumana. No tenía ninguna amistad con la que poder confiar o simplemente con la que salir a tomar unas copas.

Muchas veces, a la salida del trabajo, salía a pasear solo. Observaba a la gente que se cruzaba con él por la calle, gente que no le saludaba ni le prestaba la mínima atención. En el pueblo era costumbre saludarse cuando uno se cruzaba con otro, aunque no se conocieran, pero allí no. Y a pesar de entenderlo y de haber vivido ya antes cuando estudiaba en la gran ciudad, no se acababa de acostumbrar. Un principio de melancolía estaba haciendo su aparición en el ánimo de Antonio, y ésa era una de las peores cosas que le podía pasar. Mucha gente se ha dejado vencer y ha dicho adiós a grandes proyectos por esta causa. Incluida alguna historia de amor, como bien sabían sus padres. Si al menos estuvieran sus amigos cerca o se vieran de vez en cuando, todo le resultaría más fácil. Es ahora cuando debía ser más fuerte, se repetía; pero los recuerdos pueden ser el mejor de los regalos o la peor de las torturas. Todo depende del momento en el que lleguen, o de la manera en que uno los controle.

El principal vínculo de unión de Antonio con su pueblo seguía siendo su padre, al que telefoneaba como mínimo una vez por semana. Gracias a ello, estaba enterado de que Paco había decidido ampliar la yeguada; se había volcado completamente en su trabajo en la finca y las cosas parecían irle bien sin él. Antonio se alegraba por su padre y ello le aliviaba, ya que dejarlo solo era la espinita que seguía teniendo clavada en su conciencia. Paco era fuerte y sabía salir a flote, como tantas veces había demostrado. Además, no quería preocupar a su hijo ni distraerle en su nuevo y complicado trabajo. En la gran ciudad los errores se perdonan cuando no eres nadie, pero la cosa cambia cuando te mueves a un cierto nivel y con cierta clase de gente. Antonio iba a descubrirlo pronto...

Llevaba bastantes días lloviendo en la ciudad. A la habitual polución, que teñía el aire de una tonalidad amarillenta, se había añadido la oscuridad que provocaban las tormentas. Pero la vida no se detenía, la gente no se quedaba en sus casas, sino que seguían yendo al trabajo o salían a divertirse como siempre. Y Antonio no era una excepción, aunque mejor hubiera estado encerrado en su piso, sobre todo la noche en que un coche le salpicó de agua al pasar por encima de un charco cercano a él. Tras maldecirle, intentó secarse un poco y fue entonces cuando le llegaron unas voces que provenían de un bar. Desde fuera pudo ver a un grupo de amigos bebiendo, riendo y divirtiéndose en el interior. Antonio recordó al grupo de amigos que dejó en el pueblo y sintió nostalgia por los tiempos pasados.

Cuando llegó a su piso, aún con la imagen de los amigos del bar en su mente, se acercó al teléfono, sin siquiera cambiarse las ropas mojadas, y llamó a Guillermo. Por supuesto, la alegría de los dos amigos al oírse mutuamente fue inmensa. Hacía ya dos meses que Antonio estaba instalado en la ciudad y aún no se habían hablado, aunque Guillermo estaba al corriente de todo a través de Paco.

–¿Te ha contado tu viejo la última? –le insinuó Guillermo, entre bromas y risas.

–No, ¿cuál es?

–Que David va a ser papá.

–¡No me digas! –exclamó Antonio riendo–. ¡Qué bueno, no me imagino a David como padre! ¿Y de cuándo está María José?

–De dos meses.

–¿En serio? –Antonio frunció el ceño–. Eso quiere decir...

–Sí, sí, los números cantan: hicieron este niño el día en el que Carlos y Roberto les tapiaron la casa.

Tuvieron que detener su charla para reír con ganas.

–Ahora tendrán que darles las gracias; que los hagan padrinos –apostilló Antonio.

Poco a poco, las risas fueron dejando espacio para continuar la charla de forma más adulta y Guillermo se interesó por su adaptación a la ciudad.

–Bueno, aquí es distinto –le respondió ahora más serio–,

todo va más deprisa, cada uno va a su rollo. A veces os echo un poco de menos... pero sólo a veces. –Hizo una pausa especialmente larga y añadió–: Otra cosa, Guillermo, ¿qué sabes de Virginia? La he llamado varias veces, pero nunca responde a mis mensajes.

A la respuesta de Guillermo también le precedió un silencio largo, hasta que se limitó a ofrecerse para darle algún recado de su parte.

–No, no le digas nada, si no llama es porque no le interesa. Y tú y yo nos llamamos otro día. Da saludos a los chicos. Un abrazo.

Antonio colgó y se dirigió hacia su habitación para cambiarse de ropa. Al entrar vio la fotografía de Virginia colgada en el marco del espejo. La cogió y la miró unos instantes que se eternizaron.

En el pueblo, Guillermo se acercó hasta el bar para comunicar al resto del grupo que Antonio había llamado. A todos les hizo ilusión tener noticias de Antonio, pero pronto la conversación derivó en tristeza, ayudada por la cantidad de cerveza que ya llevaban rato bebiendo.

–Esto es una mierda –se quejó Roberto–. No hace tanto que ese mamón se ha ido y ya le echamos de menos.

David también quiso dar su opinión.

–Lo peor no es echarle de menos, sino esa sensación de vacío que se te queda en el cuerpo. Es como si no fuese a regresar.

–Sí, como si las cosas ya nunca volvieran a ser como antes.

Guillermo, una vez más, tuvo que intervenir como hermano mayor de todos.

–Eso es porque ya no volverán a ser como antes. Antonio os lo dejó bien claro antes de irse. Ya no sois críos. Tenéis que pensar en el futuro, al igual que hacen vuestras novias. ¿O creéis que ellas no piensan en que ya es momento de casarse y tener hijos?

—Calla, coño —le recriminó Carlos con su habitual falta de tacto—, que dicho así acojona.

—Es verdad —Roberto parecía convencido—. Parece como si estuvieran conspirando...

Guillermo no quería llegar a tanto.

—Ni mucho menos. Es tan sólo ley de vida. Es más, tenéis suerte de tener compañeras como las que tenéis...

David asintió.

—Sí, es cierto. Mi mujer me ha visto tan hecho polvo que ha sido ella la que me ha animado a que viniera a tomar un par de cervezas con vosotros...

Carlos no pudo contenerse y bromeó.

—Coño, qué raro en María José, con lo poco que le gusta que te vengas con nosotros. Eso es que tenía un plan, seguro que ha quedado con un amante.

—Que va —argumentó Roberto—. Ha quedado con nuestras novias.

Efectivamente, las chicas estaban reunidas en casa de Roberto y Eva, aunque Carlos ni se había enterado.

María José, Eva y Laura estaban hablando de la crisis general en la que Antonio había sumido a sus amigos con su marcha. Virginia había logrado convencer a su padre para que le diera un rato libre y también estaba con ellas.

—Yo creo que con el tiempo lo asimilarán... —concluyó Laura.

—Ellos quizá sí —dijo Virginia—, pero a mí me va a costar más...

Las otras amigas se quedaron perplejas por la insinuación de Virginia. La miraron fijamente, para provocarle una rápida aclaración. La chica claudicó y confesó con su mirada que no podía seguir sin decírselo a nadie o acabaría estallando.

Laura le tomó una mano y le sonrió.

—Ay, ay, ay, que me da que te has enamorado. Y eso, hablando de Antonio, no es nada bueno.

Virginia, altiva, rechazó la mano de Laura.

—¿Por qué no? Yo ya sabía que se iría.

—No es por eso, Virginia —intervino Eva—. Lo que Laura quiere decirte es que Antonio es muy buen chico, de verdad. De los que no quedan y todo eso..., pero es un pendón de puta madre.

El comentario de Eva, aunque intentaba justificar el porqué Virginia debía quitarse a Antonio de la cabeza, no sentó nada bien a la afectada, que incluso se lo tomó como una muestra de envidia por parte de las demás.

—¡Y vosotras cómo lo sabéis! Cualquiera diría que...

María José se alineó con Virginia.

—Eso, cualquiera diría que vosotras dos...

Eva y Laura se miraron de manera cómplice y sonrieron. María José se santinguó y Virginia se derrumbó. Laura procuró aclarar la situación.

—Virginia, éste es un pueblo muy pequeño y cuando él llegó después de tanto tiempo de estudiar fuera, pues fue como un regalo. Ya estábamos hartas de las mismas caras, día tras día.

Eva intervino de nuevo para aportar más datos, provocando otra vez la reacción contraria.

—Pero por la cantidad de chicas que vinieron de fuera a visitarle, parece ser que cuando estudiaba en la ciudad ya era un pieza de cuidado...

Virginia estaba a punto de llorar, pero se resistió por orgullo.

–No entiendo nada –dijo, cabizbaja–. Vosotras siempre me habéis hablado muy bien de Antonio. Y vuestros novios son sus mejores amigos...

–¿Y por qué tendríamos que hablar mal de él? –se preguntó Laura–. Antonio es un tío estupendo, que además siempre nos dejó las cosas muy claras. Nadie podrá echarle nunca en cara que nos mintiera o creara falsas expectativas. Y con respecto a nuestros novios, no pasa nada. Todo ocurrió antes de estar con ellos. Es más, comenzamos a salir con nuestros chicos porque Antonio nos introdujo en el grupo.

–Así que, Virginia, deja que te demos un consejo: aunque te cueste, intenta olvidarlo. Porque es más que posible que él ya lo haya hecho... –sentenció Eva.

Capítulo 10

Alessandro aparcó su Volvo azul marino en el parking subterráneo de debajo del edificio donde estaba ubicada Tecnofuture. Era un parking privado, de uso exclusivo para los empleados y directivos de las tres empresas con sede en dicho edificio. Tecnofuture ocupaba la mayor parte de las plantas, un total de quince, dejando que las cinco restantes se las repartiesen otras dos empresas menores que no tenían nada que ver con el mundo de las nuevas tecnologías. Quince plantas era mucho espacio para una sola empresa, pero los directivos sabían que en su sector la imagen era un valor fundamental: en tan sólo un año de existencia, habían recibido centenares de visitas de posibles socios y todos se habían quedado maravillados de las instalaciones y habían estado tentados de unirse a ellos.

Precisamente, Alessandro llegaba tarde a la oficina porque había asistido a una reunión en la que se había hablado de crecer uniéndose a otros socios. La reunión se había celebrado fuera de las oficinas, en concreto en el domicilio particular del presidente y a la vez consejero delegado de la empresa, un hombre prematuramente viejo y enfermizo que solía necesitar respiración asistida. Esa mañana, el consejero delegado no se encontraba bien y el resto de directivos pertenecientes al consejo de administración aceptaron ir a su casa por orden expresa de su jefe, ya que no toleraba que su delicada salud le impidiera desarrollar su actividad normal. Los directivos llegaron a una maravillosa casa de dos plantas, rodeada por un jardín con piscina. Les estaba esperando el consejero delegado, entubado a una bombona de oxígeno, y les habían preparado pastas y café para que desayunaran mientras hablaban de negocios. Les informó de una importante noticia que iba a afectar el futuro de la empresa y encargó a Alessandro un trabajo muy especial.

Por tal motivo, y tras dejar el coche estacionado en el parking subterráneo y coger el ascensor que lo llevó directamente a la planta del departamento de I+D, Alessandro llegó especialmente contento. Vio a Antonio y a Diana enzarzados en uno de sus habituales intercambios de ironías envenenadas y les ordenó que aparcaran sus diferencias y le siguieran a su despacho. Tanto Antonio como Diana se extrañaron por la forma de comportarse de su superior, pero le hicieron caso.

Los tres entraron en el despacho y Alessandro cerró la puerta. Al volverse, comprobó que Antonio y Diana ya habían tomado asiento.

—Me alegro de que os hayáis sentado —les insinuó Alessandro, mientras él se acercaba a su silla y también tomaba asiento—, porque así no os vais a caer al suelo cuando os diga que nuestra empresa se va a fusionar con WNProds.

Antonio y Diana abrieron los ojos desorbitadamente. Ninguno de los dos se alegró. Es más, Antonio se puso a la defensiva.

—Es mucho más grande que nosotros. ¿Se trata de una fusión o en realidad es una absorción?

—Es una fusión. Ellos tienen las redes, pero nosotros contamos con los mecanismos para hacer funcionar esas redes. Que ellos sean más grandes que nosotros no tiene nada que ver. Alessandro tenía razón y ni Antonio ni Diana le replicaron. Efectivamente, en el terreno en el que se movían, había algo más importante que ser grandes: ser claves. Y Tecnofuture era una empresa clave, especializada en los softwares para hacer funcionar las nuevas tecnologías.

Alessandro entendió la falta de réplica de sus dos subordinados como la aceptación de lo que les había expuesto, por lo que pasó a contarles que los había escogido a ellos dos para encargarles un trabajo muy importante.

—La dirección me ha pedido que nuestro departamento diseñe un informe sobre la situación ventajosa de nuestra oferta en el mercado —les contó, mientras encendía un puro que no invitó a compartir—. Vosotros dos sois los mejores de I+D y quiero que elaboréis este informe juntos. Ya sé que no os lleváis demasiado bien, pero eso me trae sin cuidado. Expondréis el informe el viernes delante del consejero delegado, para que él pueda presentarlo a finales de mes a WNProds.

—¿Para el viernes? —se alteró Diana—. ¿Y delante del consejero delegado?

—De vosotros depende que WNProds nos vea como una fusión y no como una absorción. —Miró fijamente a Diana—. Sé que podéis hacerlo, cielo. —Luego miró al chico—. ¿Verdad, Antonio?

Diana se levantó y respondió en tono sarcástico:

—Gracias por el trabajo.

Antonio también se levantó e igualmente usó un tono sarcástico:

—Y gracias por no llamarme «cielo».

Salieron del despacho sin despedirse. Alessandro, sonriendo por el difícil carácter que tenían ambos, recostó su espalda en la silla y saboreó el puro que acababa de encender, pensando ya en los pingües beneficios que la operación reportaría a los directivos de la empresa. En cuanto al informe que acababa de pedir a sus subordinados, estaba totalmente tranquilo y confiado a pesar de la dificultad que entrañaba, ya que sabía que sólo ellos eran capaces de hacer bien un trabajo tan delicado.

Los siguientes días fueron especialmente duros para Antonio y Diana: tuvieron que trabajar más horas de las establecidas por convenio y, lo peor, tuvieron que trabajarlas juntos. Pero si había algo que los destacaba era que, por encima de todo, eran profesionales y estaban dispuestos a dejarse la piel por diseñar el mejor informe.

Lo que no consiguieron abandonar fueron sus diferencias personales. Parecía como si en el fondo sintieran cierto placer flagelándose.

Estaban elaborando las conclusiones, los dos sentados delante del mismo ordenador, solos, porque los demás empleados ya hacía un par de horas que habían finalizado su jornada, cuando Antonio pidió a Diana:

–A ver, lee este párrafo para ver qué tal suena –señaló la pantalla del ordenador.

–Léelo tú.

–Serás tú la que el viernes hablará en público.

Diana le miró desafiantemente.

–No me gusta hablar en público.

Antonio también la miró.

–¿Y en privado?

–Descúbrelo tú.

Antonio dibujó una sonrisa incrédula.

–¿Te me estás insinuando?

80

–Piensa lo que quieras –flirteó, jugando con uno de sus pendientes.

–Pienso que eres incapaz de insinuarte ante un «pueblerino» como yo.

–Es la primera vez desde que te conozco que dices algo coherente.

–Claro, qué dirían tus amigas si se enteran que te has enrollado con un tío que no conduce un Mercedes.

–Cuidado con lo que dices.

–Diré lo que quiera mientras tú sigas hablándome con ese tono tan ridículamente prepotente. Y por cierto, el viernes, quien hablará delante del Consejero serás tú.

–Hablaremos los dos.

No dijeron nada más. Estaban de acuerdo. Antonio apagó el ordenador. Naturalmente, esa noche ninguno de los dos leyó el párrafo de la discordia.

Las jornadas de trabajo con Diana eran tan tensas que Antonio necesitaba desconectar de todo, por supuesto sin que nadie lo supiera, y perderse por la ciudad de vez en cuando, paseando sin destino fijo.

Fue en una de estas caminatas cuando tuvo una enorme sorpresa: en la acera contraria por la que iba él, vio salir de un hotel a dos personas conocidas: don Pablo y don Braulio, los hombres más poderosos de su pueblo. Aunque no tenía especial aprecio por ninguno de los dos, sintió una profunda alegría al encontrarse con alguien conocido en un lugar tan lejano y grande como era esa ciudad. Sin pensárselo dos veces, cruzó la calle por donde mejor le vino, sin percatarse del tráfico que había y del peligro que comportaba, y se plantó frente a ellos saludándoles muy efusivamente. Los dos hombres se quedaron muy sorprendidos y serios al verle. No se esperaban encontrarse allí con alguien conocido. Se limitaron a mirarse entre sí, sin pronunciar palabra. Antonio, que conocía la poca inclinación de ambos hombres a conversar, achacó su falta de palabras a la sorpresa del encuentro. Él quiso prolongar el momento y, ni corto ni perezoso, les preguntó por el motivo de su presencia allí. Por fin hablaron. Fue don Pablo el que le contó que acostumbraba a desplazarse una vez por semana para encargar pedidos para el bar y Braulio solía acompañarle. Antonio aprovechó para felicitar a don Braulio porque David y María José iban a convertirle pronto en abuelo. Incluso consiguió hacerle sonreír de satisfacción.

–¿Y a ti cómo te va? ¿Todo bien? –le preguntó don Braulio para devolverle la cortesía.

En ese mismo momento, salieron del hotel dos chicas jóvenes que, al pasar por el lado de los dos hombres, les guiñaron un ojo y les sonrieron como si ya se conocieran. Antonio comprendió que acababan de estar juntos. Los dos hombres las ignoraron y las chicas siguieron caminando.

–Sí, en la ciudad hay muchas oportunidades... –respondió Antonio a la pregunta de don Braulio, pero con un claro doble sentido.

Tal respuesta no sentó nada bien a los dos hombres, que no ocultaron su enfado, pero Antonio simuló no darse por aludido y prosiguió:

–... Pero se echa de menos a la familia y a la gente del pueblo. Y Virginia, ¿cómo está?

–En el bar, como siempre –respondió don Pablo, con evasivas.

–Por favor, dele recuerdos de mi parte. Y pídale que me llame. ¿Se acuerda que le di mi número de teléfono?

Don Pablo afirmó con la cabeza, como eludiendo el tema.

Se notaba que los dos hombres estaban sufriendo, que deseaban fundirse después de la desagradable aparición de las prostitutas. Antonio lo sabía y por eso les estaba entreteniendo; gozaba viéndoles sufrir. Hasta que consideró que ya era suficiente y se despidió a su estilo.

–Bueno, pues nada, ha sido un placer, como lo habrá sido para ustedes...

Don Pablo y don Braulio se apresuraron a irse sin decirle nada más.

Antonio no pudo reflexionar demasiado sobre este encuentro, porque poco después tuvo la temida presentación ante el consejero delegado del informe que él y Diana habían preparado durante los últimos días. El viejo jefe ya se había recuperado y escenificaron la presentación en la sala de reuniones de la empresa, en la planta catorce. Sólo asistieron a la audición el propio consejero delegado y Alessandro, pero Antonio y Diana realizaron su exposición como si la sala estuviera llena. Con la ayuda de un proyector de transparencias con gráficos, ambos se repartieron el discurso y fueron alternando sus comentarios, transmitiendo mucha pasión por su trabajo.

–La importancia del audiovisual europeo puede llegar a medirse en cuanto al Producto Interior Bruto –se hallaban en la fase de conclusiones y la participación de Diana estaba a punto de concluir–, ya que en estos momentos el sector representa el 15 % del PIB, y es el responsable de uno de cada cuatro nuevos empleos.

–Pero además de este aliciente económico –prosiguió Antonio–, históricamente, la radiodifusión ha sido un factor dominante en la transmisión de valores culturales y sociales en nuestras sociedades, y la televisión terrestre ha asumido el papel más importante dentro de la comunicación mediática.

Antonio miró a Diana y le cedió el cierre.

–Ahora, los valores asociados a la radiodifusión han dejado de ser los tecnológicos para ser los contenidos transmitidos, teniendo que adaptar las alteraciones tecnológicas a los contenidos mediante políticas culturales y reglamentaciones.

Antonio apagó la luz del proyector.

–Y eso es todo.

Antonio y Diana se miraron. Aunque estaban muy serios, interiormente se sentían satisfechos por su trabajo. Mientras, el consejero delegado hablaba en voz muy baja con Alessandro; éste asentía a sus palabras. Finalmente, el viejo jefe se levantó, con alguna dificultad. Para salir de la sala de reuniones tenía que pasar por el lado de Antonio y Diana y aprovechó para saludarles:

–Hacen buena pareja, ustedes dos. Tienen madera de triunfadores y sus palabras desprenden mucha pasión.

Los dos jóvenes empleados le agradecieron sus halagos. Sin más, el consejero delegado salió de la sala. Antonio y Diana se quedaron mirando a Alessandro.

–¿Y bien? –le interrogó Antonio.

–Y mal –respondió Alessandro.

Antonio y Diana fruncieron el ceño.

–El borrador ha sido rechazado –les indicó su superior–. Le ha gustado vuestro informe, pero no es el tipo de informe que necesita. Nosotros vendemos técnica, no contenidos. Tenéis una semana para rehacerlo.

Alessandro se levantó. Antonio y Diana se mostraron visiblemente hundidos.

–No os pongáis así. Ya le habéis oído: os ha felicitado por vuestra forma de trabajar. La empresa confía en vosotros.

Pero las palabras de Alessandro no fueron suficiente consuelo. Antonio y Diana se quedaron un rato solos en la sala de reuniones, pero ninguno de los dos acertó a decir nada. En realidad, no había nada que decir: no les quedaba más remedio que esforzarse más y realizar un mejor trabajo. Y los dos sabían que estaban obligados a sacarlo adelante... juntos.

Capítulo 11

El reloj de pared de la oficina marcaba las diez de la noche. Como era habitual, los empleados de Tecnofuture ya se habían ido hacía un buen rato, pero Antonio y Diana seguían allí. Tras la frustración inicial que había supuesto el rechazo de su informe, se habían mentalizado para elaborar el trabajo que verdaderamente se esperaba de ellos. No era tarea fácil, no estaba en juego sólo su prestigio como profesionales, sino el de toda la empresa frente a un coloso superior a ellos que les tentaba para asociarse. En cierto modo, el futuro de la empresa dependía de ellos dos y lo sabían, por lo que se esforzaban al máximo. Y lo estaban consiguiendo.

–Creo que ahora les gustará –afirmó Antonio, cogiendo un trozo de pizza prácticamente fría que les había traído un repartidor, media hora antes.

Hacía días que se quedaban a cenar en la oficina para aprovechar el tiempo y, a pesar de no haberlo hablado, se notaba que habían llegado a una especie de armisticio, de alto el fuego en el que aparcar diferencias que pudieran descentrarlos de su objetivo común. Pero aun así, su rivalidad era tan fuerte que no podían evitar saltarse de vez en cuando la tregua.

–La idea de que sean los operadores los que soporten el coste inicial de los equipamientos va a funcionar.

Antonio asintió a la opinión de Diana.

–Es el mismo sistema que actualmente se utiliza en la telefonía fija, pero adaptada a la televisión.

Se miraron, satisfechos. Lo habían conseguido, ya habían dado con el contenido por el que suspiraba el consejero delegado. Habían hecho un buen trabajo.

–Esta vez les va a gustar –dijo Antonio convencido.

–Y si no les gusta, tendrás que continuar el proyecto con otra persona. –Diana también cogió un trozo de pizza–. Yo ya he llegado al límite...

Antonio la miró de forma irónica. Ni el horario tardío le impedía ser el mismo de siempre:

–No tienes pinta de ser de ésas...

Diana agradeció un poco de guerra, para desconectar de tanta tensión profesional.

–Me da miedo preguntar a qué te refieres cuando dices «de ésas».

–Me refiero a las que lo dejan a la primera dificultad. Piensa que, a más dificultad, más diversión.

–Yo prefiero el trabajo fácil y rápido.

–No hablaba del trabajo.

Diana lo miró fijamente y reaccionó de forma rápida.

–Lo sé. Pero lo que quiero ahora es irme a casa.

Él asintió y apagó el ordenador. Miró a Diana, que seguía comiéndose la pizza, y sonrió:

–Por lo menos, la cena estaba buena.

Ella también sonrió.

–Sí, y de lo más romántica –se tragó el último pedazo y se limpió las migas de las manos.

–Otro día te llevaré a un restaurante.

–No, gracias. Con que me acerques a casa es más que suficiente... Si es que tienes coche.

–¿Que si tengo coche? Vas a alucinar.

Apagaron las luces y salieron del despacho. Bajaron al parking a través del ascensor. A esa hora apenas quedaban coches aparcados; soló había uno: una vieja camioneta americana estilo pick-up. Estaba claro que ése era el vehículo de Antonio. A la chica se le ocurrieron cientos de excusas para negarse a subir a aquella chatarra con ruedas, que tan sólo había visto por la tele en las películas de vaqueros modernos, pero era tarde y lo único que quería era que alguien la acercara a su casa. Sin rechistar, se subió a la camioneta y se dejó acompañar. Y lo peor fue que, durante el trayecto, se percató de que Antonio realmente estaba enamorado de su vehículo, y a pesar del dinero que ahora estaba percibiendo en la empresa, no tenía la más mínima intención de cambiarlo por otro.

De todos modos, cuando por fin Diana indicó a Antonio que se detuviera porque ya habían llegado a destino, mostró su malestar por las malas condiciones en las que había viajado:

–Cuando decías que iba a alucinar, te referías al estado de mis riñones, ¿verdad?

Antonio sonrió, pero, al comprobar que hablaba en serio, dejó de hacerlo. Se sintió molesto porque, encima de que la había acompañado, se quejaba.

–Qué decepción...

–¿Por qué? ¿Por haber llegado viva?

Antonio detuvo el motor del coche y le respondió sin mirarla:

–No, porque pensaba que toda esa pijería, toda esa tontería

que llevas encima, era sólo una pose. Pero ya veo que de eso nada.

Diana también se sintió molesta por el comentario del chico y le arremetió de forma enérgica:

—¡El problema no es que yo sea muy pija, sino que tú eres muy cateto!

Antonio no dijo nada y se limitó a aferrarse al volante, con la mirada en el vacío. Diana se dio cuenta de la brusquedad de sus palabras y decidió ser más condescendiente.

—Aunque debo reconocer que a Claudia la vuelves loca...

—Pues eso te tiene que joder...

—Ya me dirás por qué.

—Porque eres tan competitiva que, de entre mil tíos que te pusieran delante, irías a fijarte en el único que está comprometido.

Diana sonrió altiva ante la ocurrencia de Antonio.

—Quizá, pero ése, te aseguro que no serías tú. A pesar de que, cuando quieres, resultas muy divertido —le tocó una mejilla a modo de despedida—. Buenas noches.

—Buenas noches —respondió, en tono conciliador.

Antonio inició el gesto de inclinarse para darle un beso de despedida, justo cuando Diana se disponía a abrir la puerta del coche. Pero la chica se dio cuenta de que intentaba ser cortés con ella y detuvo su marcha, disculpándose ante la actitud caballeresca de su acompañante.

Diana volvió hacia atrás, sentándose de nuevo, cuando Antonio ya había dado por perdido el beso, produciéndose un curioso movimiento de indecisiones. Finalmente, los dos se acercaron y se besaron en la mejilla. Pero, al separarse, se miraron a los ojos sin retirarse durante unos segundos, hasta que ambos se enzarzaron en un apasionado abrazo y un ardiente beso en los labios que procuraron degustar y prolongar para poder sentirlo en toda su extensión. Terminaron separándose de forma brusca.

Evitaron mirarse; estaban avergonzados.

–Olvida lo que acabamos de hacer... –rogó Diana.

–Perdona, no sé qué me ha pasado.

–Estoy segura de que acabaría por influirnos a nivel profesional.

–Desde luego –asintió Antonio–. Estamos en el peor momento y los dos sabemos que esto no puede salir bien.

–Me alegro de que lo hayas entendido...

No se dijeron nada más. Al cabo de pocos minutos, ambos estaban rodando por la cama de ella, besándose, abrazándose, arañándose..., desatando toda la pasión contenida durante los últimos meses. Antonio no se entretuvo en desabrochar los botones de la blusa de la chica y se los arrancó de un tirón. Diana sintió desbordar su instinto más animal ante la violencia que le ofrecía su amante y le trató de igual manera, rasgándole la camisa y perdiendo prendas a medida que iban rodando por la cama. Nada quedó servible, ni siquiera la ropa interior de la chica, que Antonio también arrancó. Desnudos, unieron sus cuerpos sin dejar de arañarse, jadeando y gritando de placer. Por un momento, Antonio pensó en el día que hizo el amor con Virginia en la casita de la colina y no pudo evitar comparar el contraste de esa dulzura con la agresividad de esos momentos. Al fin y al cabo, las chicas también eran distintas. Y, sobre todo, Antonio era distinto...

Capítulo 12

A lessandro terminó de leer el dossier y se sintió profundamente aliviado. Sabía lo que el consejero delegado no quería, pero desconocía cómo darle lo que quería. Sin embargo, sus dos mejores empleados habían dado en el clavo redactando un dossier que colmaría ampliamente todas las expectativas del jefe de la empresa. Y lo mejor de todo era que el mérito se lo iba a llevar él: ése era el informe del departamento de I+D y Alessandro su responsable. Se levantó de su asiento y se acercó a la ventana. Miró a través de ella, sin fijarse en nada en concreto, y pensó en las enormes posibilidades de futuro que se abrían ante él. La gran oportunidad que anhelan durante toda su vida millones de ejecutivos en todo el mundo, pasaba ahora ante la puerta de Alessandro. Y, con aquel informe en sus manos, todo iba a ser tan fácil como comprar un billete de tren y subirse a él, sin haber cumplido aún siquiera los cuarenta.

Finalmente, su cabeza dejó de elucubrar y volvió a la dulce realidad, deteniéndose durante unos segundos en las dos personas que iban a permitirle ser rico mucho antes de lo pensado; y a las que debía felicitar, aunque no fuera su estilo. A fin de cuentas el mérito era de ellos, y sabía que durante muchas semanas Antonio y Diana no habían tenido vida privada y prácticamente no habían dormido. Con el dossier en sus manos, salió del despacho. Antonio y Diana le miraron fijamente esperando su opinión. Alessandro llevaba un buen rato encerrado en su despacho leyendo el informe y ellos no habían podido concentrarse en nada, esperando conocer la opinión que le merecía.

Alessandro se acercó a la mesa de Antonio y le devolvió el informe.

—¿Dónde guardáis el trabajo?

—En mi ordenador —le respondió el chico.

—Procura no perderlo, nos será muy útil.

Alessandro no dijo nada más y regresó a su despacho. Antonio y Diana se miraron. Hubiesen preferido recibir una felicitación explícita, pero conociendo a su superior, sabían que la falta de quejas era en sí una felicitación. Además, Alessandro había dejado claro que iba a ser un trabajo útil y eso sólo significaba que le había gustado. Así lo entendieron ellos, que intercambiaron una sonrisa de satisfacción y algo más: Antonio le guiñó un ojo y Diana le envió un beso. Estos detalles no pasaron desapercibidos para una cotilla como Claudia.

—Estás jugando con fuego... —le insinuó, en voz baja.

Diana también le respondió en voz baja.

—Tú te callas, cotilla. No quieras ver lo que no ha pasado.

Raúl intervino, pero en voz alta.

—¿Qué son esos susurros? ¿Me estoy perdiendo algo?

—¿No notas a Diana algo cambiada? —murmuró Claudia.

—Cállate... —Diana se dio cuenta de que Alessandro aún no había cerrado la puerta de su despacho y les podía oír.

—Ahora que lo dices, últimamente no está enfadada... —siguió bromeando Raúl—. Y eso es raro.

–Cómo sigáis por ese camino, vais a tener un serio problema...

–Uy, qué humos...

–Los enamorados ya tienen estas cosas... –apostilló Claudia.

Alessandro, que había permanecido escuchando detrás de la puerta entreabierta, terminó de cerrarla dando un gran portazo. Todos se volvieron hacia allí, pero nadie dijo nada. Estaba claro que la conversación le había molestado. Diana miró a Claudia amenazadoramente por haber provocado esa situación con sus chismorreos.

El resto del día en la oficina fue tenso a causa de este incidente. Nadie habló con nadie, Antonio y Diana procuraron disimular su pasión y Claudia evitó cualquier otro comentario que pudiera molestar. De lo único que se habló fue de la fiesta que la empresa había preparado por la noche en la terraza de un conocido y lujoso hotel de la ciudad: Tecnofuture había crecido mucho en los últimos meses y se habían incorporado un gran número de empleados nuevos que no se conocían entre sí. De ahí que la dirección hubiese decidido ofrecerles un cóctel para que se relacionaran.

Antonio odiaba este tipo de eventos, pero no le quedaba más remedio que asistir, ya que mucha gente deseaba conocerle. En poco tiempo se había convertido en uno de los personajes más populares de la empresa. Sus compañeros admiraban que estando tanto tiempo apartado de un mundo que va tan deprisa como el de las telecomunicaciones, fuese ya uno de los mayores activos de la empresa.

Todos los empleados y directivos estaban invitados, por lo que tenían permiso para terminar antes la jornada laboral de ese día. Del departamento de I+D, Antonio fue el primero en abandonar su mesa. Se despidió de los demás hasta la fiesta, y

Diana se apresuró a apagar su ordenador y a meterse con él en el ascensor.

–Uy, uy, uy... –insinuó Claudia, al verles irse juntos. Pero nadie le dijo nada.

Antonio y Diana bajaron hasta el parking con el ascensor.

–Parece como si Claudia supiera lo nuestro... –dijo Diana.

–Sólo lo intuye –respondió Antonio, muy seguro–. Está pegando palos de ciego para ver si descubre algo. Pero no tiene ni idea de lo que ha pasado.

Diana se miró en el espejo interior del ascensor y se retocó el flequillo.

–Y no tiene por qué saberlo. Al fin y al cabo, no somos ni novios.

–Claro. No me interesas para nada.

Diana dejó de tocarse los cabellos y miró fijamente a Antonio. Ambos se fundieron en un beso apasionado.

–No soporto tener que disimular delante de los demás –se quejó Diana.

–Pues esta noche en la fiesta nos va a tocar hacerlo.

–Odio estas fiestas de trabajo. Va a estar toda la empresa.

El ascensor llegó hasta el parking y se abrieron las puertas. Siguieron hablando mientras caminaban.

–Podríamos irnos antes y terminar la fiesta por nuestra cuenta... –propuso Antonio.

–Se darían cuenta. Debemos ser más discretos.

–Tienes razón –le respondió él apoyándola sobre su coche, mientras comenzaba a desabrocharle la blusa. Y prosiguió en tono de broma–: Sobre todo, hemos de ser muy discretos...

Antonio liberó los pechos de Diana y los besó con pasión.

–Bien, me alegro de que lo hayas entendido... –respondió la chica, siguiendo el tono burlón de su compañero.

Antonio comprendió que tenía razón y dejó de besarla.

—Esta relación va a ser difícil...

Ella no quiso dramatizar y le besó en los labios.

—Son las que más me gustan.

—Tendríamos que empezar a irnos para prepararnos para la fiesta. ¿Te llevo a casa?

—No, gracias. Ya conozco las virtudes de tu coche. Hoy me he traído el mío. Nos vemos esta noche en la fiesta.

Volvieron a besarse y luego se separaron. Cada uno caminó hacia su respectivo vehículo. Lo que ambos ignoraban era que habían sido observados por alguien que estaba dentro de un Volvo azul marino, alguien que iba a arrancar su coche cuando los vio salir del ascensor y decidió espiarles para confirmar lo que sospechaba: que Antonio y Diana mantenían algo más que una relación de trabajo. Esperó a que se fueran y luego él también se marchó, pegando un acelerón a su coche que dejó marcado el dibujo de los neumáticos en el pavimento. Alessandro estaba furioso, y eso en una persona tan competitiva y celosa como él, podía llegar a ser peligroso.

Ajeno a los celos que había despertado en Alessandro, Antonio se fue hacia su piso, se duchó y se arregló para ir a la fiesta. No tenía mucho tiempo. Se estaba anudando la corbata delante del espejo cuando sonó el timbre de la puerta. Se sorprendió, porque no esperaba a nadie, pero pensó que era Diana que venía a buscarle para ir juntos a la fiesta. El timbre volvió a sonar de forma insistente.

—¡Ya va! ¡Ya va!

Abrió la puerta y ante él aparecieron sus amigos del pueblo: Guillermo, Carlos, Roberto y David.

—¡¡Sorpresa!! —gritaron todos a la vez.

La enorme alegría que se desató en el interior de Antonio al ver a sus amigos quedó rápidamente mitigada por la enorme urgencia del momento. Era muy extraño: por un lado se sentía feliz de ver a las personas que más quería, pero por otro hubiese deseado que la tan deseada visita se hubiese demorado un día más. Tenía mucha prisa y debía asistir a una importante fiesta a la que no podía faltar, ni llegar tarde.

–¿No nos invitas a pasar? –preguntó Guillermo.

–¿Qué hacéis vosotros aquí? –inquirió Antonio, sorprendido.

–¿Qué, pasamos o no? –Carlos no tenía pelos en la lengua.

–¿Eh? Ah, claro. Pasad...

Entraron y él cerró la puerta, preocupado y casi aturdido. Había puesto a trabajar a su cerebro tan rápido como éste podía en un intento de adelantarse a la siguiente jugada y de poner en claro lo que pensaba hacer con sus amigos, sin que ellos intuyeran que en aquel momento molestaban. Qué extraña puede llegar a ser la vida; lo que un par de semanas antes hubiese sido algo así como un bálsamo, en aquel momento era un motivo más de preocupación. Tenía mucha prisa, algo a lo que no estaban acostumbrados sus amigos, ni siquiera él mismo hacía escasamente unos meses. Sin embargo, debía resolver de manera rápida la situación: ¿qué iba a hacer con ellos?

Capítulo 13

En un momento, los amigos de Antonio se adueñaron del piso: David se sentó en el sofá para probarlo, Roberto se acercó hasta la ventana y miró al exterior y Carlos se encaprichó de un jarrón y lo cogió para observarlo con atención. Sólo Guillermo se quedó junto a Antonio y colocó un brazo alrededor de su hombro.

—Está muy bien esta cueva.

—Me la consiguió la empresa.

Antonio comenzaba a darse cuenta del detalle que habían tenido sus amigos al venir a visitarle, y por un momento se percató de que se estaba comportando como lo haría ese tipo de gente que iba a acudir a la fiesta a la que estaba invitado, y a la que tanto había criticado. Personas sin amigos de verdad, a las que tan sólo les importaba cultivar un tipo de amistad: la interesada. Así que se dirigió hacia sus colegas de manera sincera:

—¿Quién se apunta a una cerveza?

Todos respondieron afirmativamente, y Antonio entró en la cocina para ir repartiendo desde allí las latas de cerveza, que sus amigos recogieron al vuelo.

Roberto abrió la suya al tiempo que comenzó a golpear el cristal de la ventana para detectar su grosor y se quejó:

—Se oyen mucho los coches.

—Te acostumbras pronto. Pero ¿se puede saber qué estáis haciendo aquí?

—Fue idea de Guillermo —confesó David, acomodándose más en el sofá—. Y nos apuntamos todos.

—Como no vienes nunca a vernos, hemos pensado en venir nosotros.

—¡Cojonudo! —exclamó Antonio en plan irónico.

Ninguno de sus amigos se percató del doble sentido de su exclamación, salvo Guillermo, que le preguntó si tenía plan para esta noche.

—¿Para esta noche? No, qué va, cuatro tonterías. Sólo tengo que ir a una fiesta de trabajo donde estarán todos mis jefes, esperándome para acribillarme a preguntas sobre un delicado informe que he realizado.

Guillermo frunció el ceño. Realmente habían llegado en un momento muy inoportuno. Sin embargo, los chicos quitaron hierro al asunto y le dijeron que por ellos no se preocupara, que ya se buscarían la vida. Todos excepto Roberto, que seguía como absorto deambulando por el piso, y comprobando la calidad de los cristales del inmueble de su amigo.

—Oye, Antonio, si quieres puedo escaparme un día y venir a ponerte un doble acristalamiento en estas ventanas, así tendrías un importante ahorro de energía en calefacción y disminuiría la contaminación auditiva.

Antonio lo miró perplejo. No sabía a santo de qué le soltaba esos comentarios.

—¿De qué coño me hablas, tío?

David se levantó del sofá y se dirigió a Antonio.

–No le hagas caso. Ahora a Roberto le da por comprarse revistas científicas de esas de dos euros, y que de paso te explican cómo llegar con tu novia al orgasmo.

Roberto se sintió molesto.

–Vosotros reíros, pero pensad que la contaminación acústica generada por los decibelios que ocasionan los coches puede degenerar en un estado de estrés crónico.

–¿Y a ti qué más te da, si vives en el campo? –le increpó Guillermo–. ¿O es que también han publicado un estudio acerca de la contaminación acústica que generan los balidos de tus cabras?

Todos se echaron a reír. Eran incapaces de enfadarse, siempre estaban bromeando.

–Vosotros sí que estáis como unas cabras –apostilló Antonio–. El ambiente de la ciudad os trastoca completamente.

–Somos unos inadaptados –reconoció Carlos, mientras saboreaba los últimos tragos de su cerveza.

Antonio le dio la razón.

–Sí, y por eso me da miedo dejaros solos esta noche. No se hable más: os venís conmigo a la fiesta.

Estaba tan contento de verlos, que nunca hubiera podido perdonarse el haberlos dejado colgados la misma noche en la que habían venido con toda su ilusión a visitarle. Además, ¿qué era lo peor que podía pasar?, se preguntaba en silencio: que a sus compañeros de trabajo no les gustara la imagen de sus amigos. Sus mejores amigos. Y qué importaba eso. Es posible que ellos nunca tengan gente así a su lado, se repetía, mientras los miraba con cariño.

–¡Tú sí que eres un amigo! –le abrazó David.

–Un insensato, querrás decir. Pero cuatro personas más tampoco se van a notar en la fiesta y, en cambio, me daría pánico pensar que estáis solos por aquí.

Roberto se olvidó de la ventana y se interesó por la invitación.

–Nunca hemos ido a una fiesta de pijos. Prometemos portarnos bien.

–Por favor, no prometas nada. Eso aún me da más miedo... David se burló de Roberto.

–Por fin Roberto podrá intercambiar información con gente de su mismo nivel cultural.

–Aún no os he llevado y ya me estoy arrepintiendo. Guillermo, confío en que sabrás controlarlos. –Guillermo simuló enfadarse, como indicando que le parecía injusto tener que cargar con semejante responsabilidad. Antonio prosiguió–: Os prestaré unas corbatas.

Todos se dirigieron hacia la habitación de Antonio. Roberto fue el primero en ponerse una corbata:

–¡Esas pijazas de la fiesta van a alucinar!

Antonio cerró los ojos y suspiró profundamente, esperando que sus amigos no le dejaran en ridículo ante sus jefes.

La fiesta estaba bastante concurrida cuando ellos llegaron. En la terraza del hotel habían colocado una larga barra con todo tipo de bebidas, destacando un ponche preparado especialmente para la ocasión. Había mesas y sillas distribuidas sin orden concreto, de manera informal, aunque la mayoría de la gente prefería estar de pie, con su copa en la mano, conversando por grupitos.

Todos los empleados se habían vestido muy elegantemente para la ocasión. Algunos, sobre todo del laboratorio, ofrecían un cambio espectacular tras colgar las batas blancas y haberse puesto sus mejores galas. Incluso la persona más discreta se mostraba allí realmente sofisticada.

Los amigos de Antonio se llevaron una magnífica impresión

inicial del personal de la fiesta. Miraban de forma descarada a todo el mundo, comportándose de manera ruda. Incluso a David se le iban los ojos: era la primera vez, desde que se casó, que estaba lejos de su mujer y los demás le animaron a que se aprovechara. Roberto también aseguró que iba a aprovechar que estaba sin pareja para intentar ligarse a alguien de la fiesta. Antonio comenzó a notar como las miradas de sus compañeros de trabajo se clavaban en aquel curioso grupo que acababa de llegar a la fiesta, y no era otro que el de sus amigos. Así que utilizó la excusa de tener que saludar a sus jefes, para separarse un poco de ellos hasta que se aclimataran al refinado ambiente que presidía la recepción.

Los chicos se acercaron a la barra y pidieron ponche. Un camarero impecablemente uniformado les sirvió la bebida. El bruto de Carlos preguntó si esa bebida había que pagarla y, al responderle que no, decidió que no iba a moverse de la barra hasta acabar con todas las existencias. Por su parte, lo que decidió Roberto fue poner en práctica sus dotes de seductor, al ver a una atractiva chica con un precioso vestido negro que dejaba entrever un vertiginoso escote. Sin pensárselo dos veces, dejó la compañía de sus amigos para acercarse hasta su víctima, haciendo gala de la mejor de sus sonrisas.

—Vaya, creo que he tenido suerte —le insinuó Roberto—, me acabo de tropezar con lo más bonito de la fiesta.

—Muchas gracias —la chica se sintió halagada y le dio pie—. Creo que yo también...

Roberto era un chico muy moreno, de piel curtida por el sol, que le daba un aire atractivo si a ello unimos su casi metro noventa de estatura. Quizá por eso la atractiva chica del vestido negro creyó haber encontrado al ejecutivo de sus sueños. Pronto iba a descubrir que estaba equivocada. El camarero les sirvió ponche, mientras ella seguía interesada en aquel joven desconocido.

—Pareces diferente a todos los chicos de la fiesta. Eres tan galante y directo.

—¿Qué quieres decir?, ¿que los pijos de esta empresa no son educados?

—¿Educados? Educadísimos. Demasiado. Aquí somos las chicas las que tenemos que dar el primer paso.

Aquello pareció envalentonar a Roberto, que no entendió lo que su interlocutora pretendía decir.

—Conque sí ¿eh? Pues deja que te diga que tienes una cara preciosa. Un cuerpo precioso, y unas piernas preciosas... —La joven sonrió a las palabras de Roberto, hasta que éste añadió—: ¿A qué hora abren?

La chica lo miró de manera despectiva por el obsceno comentario y estuvo a punto de arrojarle el ponche que le acababan de servir a la cara. Terminó por alejarse. Los demás amigos de Roberto se rieron por el ridículo que acababa de hacer su compañero.

—Buen comienzo, sí señor —se burló David, dándole palmaditas en la espalda.

Carlos y Roberto también se mofaron de él. Incluso Guillermo estaba completamente tronchado de la risa y decidió dedicar algunas palabras al fracaso que había experimentado Roberto.

—Parece mentira cómo se te puede haber escapado, con lo bien que te la habías trabajado. Debe de ser que las chicas de aquí son muy raras —añadió con ironía.

Sin embargo, Roberto seguía convencido de que su táctica había sido la correcta:

—Me dais pena de lo cortos que llegáis a ser —les increpó,

dándoselas de listo–. Os quedaríais pasmados del problema que tienen estas chicas para ligar. Como todos los tíos piensan como vosotros, nunca se les acerca nadie. Vamos, que no se comen un «torrao». Os aseguro que cuanto más buena, más salida.

Antonio había observado la escena desde la distancia y se dio cuenta de que era imposible dejarlos solos, por lo que volvió al lado de sus amigos a regañarles. Ésa era una fiesta seria, no podían comportarse como si estuvieran en el bar del pueblo.

–Oye, Antonio –inquirió David al verle regresar–, viendo las chicas que hay trabajando en tu empresa, ¿cómo es que aún no te has liado con ninguna?

Antonio sonrió y los demás entendieron que sí lo había hecho. Rápidamente, le acribillaron a preguntas para intentar saber más, hasta que se dio cuenta de que, si no hablaba, eran capaces de organizar un auténtico escándalo allí mismo y dejarlo en ridículo.

–Vale, vale, ya quería contároslo, pero todo ha sido demasiado rápido. Os voy a presentar a una chica muy especial...

–¿Te has ligado a una pijaza?

–Eh, ni una palabra. Aquí nadie lo sabe, y debe seguir así.

Asintieron y acompañaron a Antonio hasta uno de los rincones de la terraza, donde Diana estaba de pie, saboreando una bebida. Antonio le presentó a sus amigos. Ya les había hablado de ellos, pues, para él, sus amigos eran como su verdadera familia. Diana dio un beso a cada uno de ellos y sonrió por tener la oportunidad de conocerles, aunque interiormente pensó que aún eran más bastos que Antonio. Por el contrario, los chicos quedaron maravillados ante la belleza de Diana: era ya de por sí muy guapa, pero para la ocasión se había puesto un vestido azul muy escotado que realzaba su espléndida figura. Todos se quedaron bastante embobados y a la vez sorprendidos por la suerte que había tenido Antonio al ligarse en la ciudad a una chica tan hermosa como Diana. En voz baja, Guillermo le felicitó por la elección y por la fortuna de haber ampliado sus horizontes y haber encontrado a un amor fuera del pueblo. Pero Antonio no sonrió: al escuchar aquellas palabras hubo algo en su interior que le hizo recordar a Virginia.

Capítulo 14

Virginia se acercó con su bandeja hasta la mesa donde estaban Eva, Laura y María José. No era frecuente que sus amigas fueran al bar de su padre, principalmente porque no deseaban ver cómo sus novios (y en el caso de María José, su marido) se emborrachaban y se comportaban como criaturas. Pero, como sus respectivas parejas se habían ido a Madrid a visitar a Antonio, habían aprovechado para salir y reunirse. Hacía mucho tiempo que no salían de noche solas para hablar de sus cosas, y por un momento se sintieron extrañas, como si hubiesen retrocedido en el tiempo. Siempre criticaban la actitud infantil de sus chicos, pero ahora que no los tenían a su lado notaban que algo muy importante les faltaba. Aun así, estaban encantadas de poder salir a tomar una copa —o dos o tres— y volver a la hora que les diera la gana sin tener que dar explicaciones a nadie.

Virginia les sirvió las bebidas y las demás chicas insistieron en que se sentara un rato con ellas. No había mucha gente en el bar y su padre podía valerse por sí mismo. La camarera aceptó compartir un rato con sus amigas.

Las chicas estaban hablando de lo bien que se sentían por estar unos días sin pareja, aunque a María José no le hacía mucha gracia: hacía poco que se había casado, estaba embarazada y era la primera vez que su marido se iba del pueblo sin ella. Pero las demás sabían que David era incapaz de poner los cuernos a María José. En cambio, no tenían la misma seguridad con los otros.

–Queréis decir que intentarán… –insinuó Virginia.

Laura y Eva se miraron, cómplices, y esta última respondió:

–¿Que si lo intentarán? ¡Por supuesto!

–¿Y no os importa?

–Virginia, una cosa es que lo intenten y otra que tengan posibilidades. –Todas sonrieron–. Tanto mi Roberto como los demás son unos fantasmas a los que les encanta exagerarlo todo, pero a la hora de la verdad, nada de nada. Creedme, no hay de qué preocuparse. Como mucho acabarán con una mierda como un piano...

Efectivamente, Eva conocía muy bien a los chicos. Ninguno de ellos consiguió sus objetivos en la fiesta y todos regresaron al piso de Antonio sin haber logrado ningún éxito sentimental, o mejor dicho sexual, y borrachos como cubas.

Al entrar en el piso, se tumbaron todos en el sofá. Antonio, que era el que menos había bebido durante la noche, procuró serenarse para pensar en cómo iba a hospedarlos a todos: tendría que repartirlos en dos habitaciones y el sofá del comedor. Pero ninguno pensaba en dormir y, desde el sofá, continuaron con sus charlas y sus bromas. En especial, se metieron contra el personal que habían visto en la fiesta: aunque al entrar les produjo una buena impresión, a medida que avanzaba la noche fueron viendo que la fauna que se hallaba en la terraza de la fiesta no era de su agrado.

–Aquí las tías son muy raras –afirmó Roberto, arrastrando las eses por culpa de la borrachera.

Carlos estuvo de acuerdo.

–Eso es verdad, son como muy cursis.

David se apuntó a las críticas.

–Y muy golfas.

Incluso Guillermo se puso a descalificar.

–Claro, son pijas.

–¡Y son más frías que Virginia! –sentenció Roberto, de forma imprudente.

Carlos rió como una hiena.

–¡Sobre todo con ése!

Guillermo miró rápidamente la reacción de Antonio. Sólo él sabía que el corazón de Antonio aún pertenecía a Virginia. Los chicos habían estado muy desafortunados con sus comentarios.

–¿Qué significa con ése? –inquirió Antonio, muy serio.

La borrachera impidió que se dieran cuenta del daño que podían hacerle a Antonio, por lo que Guillermo medió.

–Nada, hombre, tonterías de éstos.

Antonio insistió, muy serio.

–¿Qué pasa con Virginia?

Los chicos terminaron confesándole que estaba saliendo con Miguel, el hijo del alcalde. Antonio puso cara de póquer y no quiso demostrar sus sentimientos. Se limitó a decir que era lógico que una chica como ella tuviera pareja.

Poco a poco, se fue haciendo el silencio entre los muchachos. Se habían dado cuenta de que Antonio, aunque quisiese ocultarlo, estaba enamorado de Virginia.

–Bueno, piensa que ahora sales con un tía que está como un cañón –Carlos quiso arreglar la situación.

Antonio asintió. Quizá, si sabía que Virginia era feliz junto a otro chico, él no se iba a sentir tan culpable cada vez que estuviera con Diana. Aunque sabía que se estaba engañando... La noticia le había dolido muchísimo.

También para Virginia, Antonio era su gran amor. Pero fueron precisamente sus amigas las que la convencieron de que se olvidase de él y buscara la felicidad junto a otra persona. Miguel era un buen chaval, algo tímido, pero de buena casa. Las chicas habían empujado a Virginia a que empezara a salir con él. Y de eso hacía ya dos meses, aunque la chica no se mostraba plenamente enamorada.

Laura se ponía como ejemplo cuando ella conoció a Carlos, al que no podía ni ver por lo bruto que era, y en cambio había terminado enamorándose locamente de él e incluso se reía con su forma de ser. Virginia estaba de acuerdo, sabía que Miguel era una buena persona y que podía llegar a ser muy feliz junto a él.

El azar hizo que, a la misma hora y en lugares muy distantes, el grupo de chicos y el de chicas estuvieran hablando de lo mismo: del futuro sentimental de Virginia con Miguel. Pero la joven llevaba demasiado tiempo sentada junto a sus amigas y su padre la llamó desde la barra para que se reincorporara al trabajo. Se levantó, pero Laura la agarró por un brazo.

—Ahora no te vayas sin terminar de contárnoslo todo.

—Pero, ¡qué cotillas sois!

—Eh, recuerda que si estás con Miguel es gracias a nuestra insistencia.

Virginia miró hacia su padre y se puso nerviosa.

—Debo irme, ya os lo he contado todo.

—Todo no —insistió Eva—. ¿Qué tal es en la cama?

Virginia fue tajante.

—No hay cama.

—¿Dos meses y no hay cama? Qué mal lo tienes que estar pasando.

—Quizás. Pero seguro que él lo pasa peor.

Todas, incluso Virginia, se pusieron a reír. Don Pablo no sabía de qué se reían, pero se sintió molesto y llamó de nuevo a su hija.

Virginia empezó a marcharse, reconociendo en voz alta que a veces era injusta con Miguel, porque sabía que era un buen chico, pero no podía evitar compararle con Antonio. Ante esta afirmación, Laura se levantó enérgicamente y volvió a agarrarla por un brazo, obligándola a que la mirara a los ojos.

–Escúchame bien, guapa, y déjame que te dé un consejo: Antonio nos cae muy bien y todo eso, pero se fue y no te ha vuelto a llamar, así que quítatelo de la cabeza o de lo contrario lo vas a pasar muy mal...

Laura era muy temperamental y fría. Le gustaba ser directa y llamar a las cosas por su nombre, y más si era por una amiga a la que conocía desde pequeña, y por la que sentía un gran cariño. La veía tan frágil, que Laura prefería pecar de dura si eso le abría los ojos a una realidad sentimental, que de momento no parecía sonreírle.

Aquel caudal de sinceridad dejó a Virginia como aturdida, sin capacidad de réplica ante las frías y contundentes palabras de su amiga, y se limitó a bajar la mirada y acudir al lado de su padre para ayudarle en la barra. Al llegar junto a don Pablo, éste le pegó una monumental bronca por estar perdiendo el tiempo con sus amigas mientras los clientes se acumulaban. Le ordenó que no se demorara más y que se pusiera manos a la obra. Pero, en lugar de eso, Virginia se introdujo en la cocina, pasó junto a su madre, que estaba preparando unas tortillas de patatas y salió a la calle por una puerta trasera. Allí, rodeada por el aire fresco de la noche, miró hacia el infinito y sus ojos se llenaron de lágrimas, provocando que el paisaje de montañas que tenía frente a ella se desdibujara...

Mientras tanto, en el piso de Antonio, los chicos estaban durmiendo la borrachera mientras él miraba a través de la ventana. La fina lluvia que caía sobre la gran ciudad hacía que las calles y los coches apareciesen, también, desdibujados a través del cristal por el que Antonio tenía la vista perdida. En su cabeza aún resonaban las palabras de sus amigos confirmándole lo que hubiese pagado por no oír. Sabía que era injusto tener tales sentimientos cuando, al fin y al cabo, él había comenzado una relación con Diana. Y aun así, no podía dejar de repetirse interiormente las mismas preguntas: ¿Qué hubiese pasado si Virginia le hubiera respondido a alguna de sus llamadas? ¿Se hubiese mantenido firme ante su atractiva compañera de trabajo o hubiera acabado igualmente con ella?

La lluvia cada vez caía con más fuerza, al tiempo que él se repetía las mismas preguntas con mayor insistencia, sin detenerse a pensar que, llegados a ese punto, ya daba lo mismo. Debía ser frío y no dejar que aquellos sentimientos le cegaran, y más en aquellos momentos en los que había conseguido ya todo lo que un chico de su edad podía desear: un buen trabajo, dinero y una inteligente y atractiva mujer a su lado, que a buen seguro le harían sentir como si estuviera... acariciando un sueño.

Capítulo 15

Un rayo de sol se filtraba a través de uno de los agujeros de la persiana de la habitación de Diana desde hacía una media hora. Por culpa de ese rayo, Antonio se había despertado y desde entonces estaba con los ojos abiertos, aunque reposando en la cama. A su lado estaba Diana, que seguía durmiendo. Él estaba boca arriba, con los brazos cruzados detrás de la nuca. Miraba el techo de la habitación y pensaba en su futuro..., también en su pasado, pero, sobre todo, pensaba en su vida. Y en esos momentos su vida estaba en la ciudad, trabajando en una empresa muy importante en la que confiaban plenamente en él, con la satisfacción de haber hecho bien el encargo del trascendental informe que junto con Diana le habían encomendado y compartiendo cama con la chica más ambiciosa, inteligente y guapa que jamás había conocido. Podía sentirse complacido.

Dejó de mirar el techo para contemplar la belleza de su compañera. La chica estaba sumida en un profundo sueño de espaldas a él, completamente desnuda. La sábana apenas le cubría y podía contemplar su cuerpo perfecto. Antonio se acercó a ella y la abrazó. Él también estaba desnudo. La besó en la nuca, mientras reposaba sus manos sobre sus pechos. La chica sintió el cuerpo de Antonio junto al suyo y sin abrir los ojos cogió los brazos de su novio hasta que éstos la rodearon completamente. Él adoptó la misma posición fetal que ella fundiéndose en un solo cuerpo, y gozando en silencio del placer de quererse, ajenos al bullicio de una ciudad que, un día más, comenzaba a despertar. Los suaves susurros que los dos amantes se regalaban al oído eran por una vez más fuertes que los ruidos provenientes del exterior, y la excitación que sus palabras provocaban en sus cuerpos dieron paso a un incontrolado torrente de pasión.

Antonio y Diana se habían convertido en inseparables, ya no ocultaban su amor. Eran la pareja del momento, dos triunfadores, dos ambiciosos que, juntos, sabían que podían ayudarse mútuamente para conseguir sus objetivos. Nada les iba a detener en su empeño por comerse el mundo.

Diana consiguió que Antonio fuera adoptando lenta pero paulatinamente unas normas de conducta que, unidas a su nueva forma de vestir, le hacían parecer un auténtico yuppie. Por su parte, él estaba consiguiendo que Diana se mostrara cada vez más sencilla y accesible, y dejara de lado aquel obsoleto y estereotipado look de pija que tanto había llegado a irritarle.

Juntos empezaron a frecuentar fiestas de clase alta, a asistir a congresos empresariales del sector, a compartir cenas con comensales muy seleccionados y a relacionarse con gente importante. Ése era el camino a seguir si querían progresar: el de los contactos. Y se notaba que Diana lo controlaba a la perfección.

En una de estas fiestas coincidieron con el consejero delegado de Tecnofuture. No les hizo demasiada ilusión, porque temieron que su jefe pensara que iban demasiado deprisa, e incluso algo peor, que intentaban abrirse camino aprovechando los contactos que su nuevo trabajo en la empresa les había facilitado. Estaban progresando muy rápido, de eso no cabía duda, pero un paso en falso podía echar por tierra todo su esfuerzo. Los instantes previos al saludo fueron tensos, pero en este caso el consejero delegado, que iba acompañado por otro hombre de su misma edad y condición social, se alegró de verlos.

–¡Caramba, la pareja triunfadora! –les saludó.

Antonio y Diana sonrieron agradecidos.

–¡Buenas noches! ¡Qué sorpresa encontrarle aquí!

–Siempre le encontraréis donde huela a dinero –intervino el hombre que le acompañaba.

El consejero delegado le presentó: se trataba de Arturo Villanueva, el director territorial de la banca romana. Antonio y Diana fueron presentados como dos de sus mejores adquisiciones: ambiciosos, inteligentes y expertos en nuevas tecnologías.

–Las nuevas tecnologías son el futuro –indicó el banquero.

–Para nosotros son ya el presente –matizó Antonio, de forma muy segura.

El consejero delegado se mostró satisfecho por la respuesta de su empleado, y los acompañó hasta el pequeño y selecto grupo en el que se encontraba su mujer. Los presentó efusivamente y les aseguró que los citaría en su casa para compartir una cena íntima en breve. Aquello representaba mucho más de lo que en sí parecía, ya que muchos de los directivos de la empresa aún no habían disfrutado de aquel honor.

El consejero delegado nunca les había hecho comentario alguno sobre la segunda versión del determinante informe que Antonio y Diana habían elaborado para posicionar a la empresa frente a su fusión con WNProds, pero no había duda de que le había gustado, pues, no sólo no les había pedido ninguna versión más, sino que su sueldo se había multiplicado por dos en agradecimiento a las horas extras invertidas y los resultados obtenidos.

Gracias a este aumento de sueldo, Diana había podido cambiarse a un piso más amplio con todo tipo de lujos: desde una sauna a un amplio jacuzzi, frente al cual había un gran ventanal desde donde se podía contemplar parte de la ciudad.

Antonio fue la primera persona a la que Diana invitó para mostrarle el fantástico loft, de ambiente neoyorkino. Al llegar al enorme cuarto de baño, los ojos del chico parecieron salírsele de las órbitas al comprobar cómo estaba equipado. Subió los dos peldaños en los que se había dividido la estancia, y en el que se encontraba el jacuzzi, rodeado por madera de teka. Tenía tan buena pinta que invitaba a llenarlo.

–Creo que es el momento idóneo para probarlo –sugirió Antonio.

–Por supuesto. Iré a por algo de beber. ¿Te apetece una copa de cava?

Antonio afirmó con la cabeza y Diana salió del cuarto de baño, dejándolo solo. El chico llenó el jacuzzi y encendió alguna de las velas con las que su novia había decorado el cuarto de baño. Controló la temperatura del agua y comenzó a desnudarse mientras esperaba a que ella regresara. Cuando Diana volvió, se trajo consigo una sorpresa: además de llevar dos copas de cava, se había quitado la ropa y se había enfundado en una bata de satén que le hacía parecer aún más sexy. Miró a Antonio y le guiñó un ojo:

–No te importará que me haya puesto cómoda...

Él sonrió y se prestó a ayudar a su novia a entrar en lo que para él era como una pequeña piscina. Una vez dentro, Diana soltó la bata y brindó desnuda con su compañero, para terminar reposando su espalda en el pecho de Antonio. Ambos miraban hacia adelante. Antonio rodeó el cuerpo de su chica con las piernas, por debajo del agua. Fuera del jacuzzi quedaron a mano las dos copas de cava, y el tiempo pareció detenerse.

Se sentían unos auténticos triunfadores y les complació recordar las palabras con las que el consejero delegado de Tecnofuture los había definido en la fiesta en la que coincidieron.

—Si lo dice nuestro jefe ya es importante —sonrió Diana, burlona—. Por lo menos no nos echarán del trabajo.

—Espera a que cometamos algún error y ya verás...

—Pero no lo vamos a cometer. Somos la pareja del momento.

Antonio soltó una carcajada.

—La pareja del año —dijo, bromeando.

—Formamos un buen equipo.

Antonio cogió algo de espuma y la puso en la punta de la nariz de Diana, para añadir irónicamente:

—Sí, el inteligente y la guapa.

Diana se quitó la espuma de la nariz.

—O la lista y el que pretende pasarse de listo.

—Mejor dejémoslo como el inteligente y la lista.

Diana asintió.

—Brindemos por ello.

Cogieron las copas y brindaron. Luego, Diana se dio la vuelta y se besaron apasionadamente. Las cosas estaban yendo muy rápidas para él, y la sombra del recuerdo de Virginia parecía quedar desterrada definitivamente. Ahora lo más importante era consolidar su posición en la empresa y disfrutar de aquellos mágicos momentos con Diana, porque la vida... está llena de sorpresas.

Capítulo 16

Guillermo dio una última calada a su cigarrillo, lo apagó en el cenicero y pidió a don Pablo otra cerveza. Estaba bebiendo de pie, en la barra, solo. Cada vez era más frecuente para él aquella situación; desde que Antonio ya no estaba, el grupo de amigos se había disgregado bastante. Habían quedado para el recuerdo aquellas juergas que se corrían juntos en el bar, casi siempre en la misma mesa, una mesa que Guillermo observaba ahora vacía desde la barra. Le dio pena verla así, sin jarras de cerveza, sin risas, sin bromas, sin amigos... David también se había distanciado mucho del grupo desde su boda, y Roberto y Carlos cada vez hacían más vida de casados sin estarlo.

Esa misma noche, Carlos y su novia Laura estaban invitados a cenar en casa de David y María José. Las dos chicas se habían hecho muy amigas, y cada vez solían invitar con menos frecuencia a los demás miembros del grupo. Además, a María José ya le faltaban pocos meses para dar a luz y cuando naciera el bebé no iban a tener tanto tiempo para organizar comidas.

Durante esa cena, Carlos y Laura aprovecharon para darles una noticia en primicia: se casaban. Ya no eran unos niños, el tiempo pasaba muy deprisa y había llegado el momento de sentar cabeza y formar una familia. Además, el hermano de Carlos tenía un negocio de talleres en Andalucía y le había ofrecido que llevara el control del último que iba a abrir. Laura deseaba irse con Carlos, pero sus padres habían puesto como condición indispensable que antes se casaran.

A David y a María José les hizo mucha ilusión que sus amigos se casaran, aunque lamentaron que tuvieran que irse del pueblo. Sin embargo, prometieron no perder el contacto y escribirse, principalmente las dos mujeres.

David sacó el cava y, tras el segundo plato, todos brindaron.

—¡Por la cocinera!

—Sí, María José. El estofado estaba riquísimo.

Ella agradeció el halago, aunque propuso otro brindis.

—¡Por los futuros esposos!

Carlos se defendió.

—¡Eh, que aún falta tiempo!

—Cuando te des cuenta ya habrá llegado el día —le aseguró David—, te lo digo por experiencia.

María José empezó a recoger los platos. Laura se levantó y la ayudó, para que, en su estado, no tuviera que llevar demasiado peso. Por su parte, David y Carlos continuaron sentados.

—Estos hombres no ayudan nada —se quejó Laura en voz alta para que la oyeran, aunque bromeando.

María José le dio la razón.

—Claro, como están acostumbrados que en el bar siempre les quitan el plato de delante...

David procuró defenderse.

—Eh, María José, sabes bien que hace tiempo que no voy al bar...

Las dos chicas sonrieron y callaron. Con los platos y los cubiertos sucios se fueron a la cocina.

Carlos aprovechó que ellas no estaban para hacerle una pregunta en voz baja al anfitrión:

–Oye, David, ¿por qué no has invitado a Guillermo? ¿Y Roberto? A este paso acabaremos cada uno por su lado...

David se mostró incómodo ante la pregunta, pero entre ellos no había secreto alguno y terminó confesándole la verdad, aunque también en voz baja.

–Bueno..., lo de Guillermo..., ya sabes cómo es mi suegro con los homosexuales... Y María José está muy influida por su padre.

Carlos se lamentó de que David hubiera revelado la condición gay de su amigo. Era algo que a nadie le importaba y, además, no tenía por qué influir en nada. En su grupo nunca había sido un inconveniente.

–¿Y por qué has tenido que decírselo? –dijo elevando el tono de voz.

–Coño, Carlos, que es mi mujer...

–Además, ¿qué importa que sea gay? Eso no le hace diferente a nadie.

–Lo sé. Pero María José es así...

David no consiguió convencer a Carlos. Las chicas estaban a punto de regresar y el clima entre ellos dos se había enrarecido.

–¿Y Roberto? –insistió Carlos–. ¿A él no le habéis invitado por ser demasiado macho? –inquirió con claros signos de enfado.

–María José aún no le ha perdonado la putada de tapiarnos la casa...

–Eh, que yo también participé en aquello.

–Sí, pero tu Laurita es amiga de María José.

Las chicas regresaron al comedor y David y Carlos dejaron

de discutir. Procuraron disimular, pero ellas eran muy listas y se dieron cuenta de que la seriedad en los rostros de sus compañeros significaba que algo malo pasaba...

También Guillermo estaba muy serio, tras haber terminado de beber solo la última cerveza. Pidió la cuenta al padre de Virginia, justo cuando en el local entraba don Braulio. Guillermo sonrió al recién llegado a modo de saludo, y éste se lo quedó mirando serio y desafiante. Guillermo intentó no dar demasiada importancia a aquel feo gesto, a pesar de haber sido cortés con una persona que no le caía bien por su desmedido autoritarismo. Aquel hombre era el suegro de uno de sus mejores amigos, y sólo por eso intentaba ser amable con él.

Sin embargo, aquella noche don Braulio parecía estar buscando algo más que la simple cerveza de rigor, y continuó poniendo a prueba la paciencia de Guillermo.

—¿Por qué me miras así? —le increpó.

Guillermo prefirió ignorarle y no responderle.

—¡Sé que no te caigo bien! —insistió don Braulio, provocándole—. ¡Sé que me odias! ¡E incluso sé que te irrita que tu amigo David esté casado con mi hija!

—No sé a qué se refiere... —Guillermo estaba atónito ante la actitud agresiva de su interlocutor. No pretendía entrar en una guerra dialéctica, tan sólo pagar la cuenta e irse, antes de que él también explotara.

—¡No disimules! Yo en este pueblo lo sé todo...

Guillermo no pudo contenerse más y estalló en una carcajada sarcástica.

—Eso es cierto...

Don Pablo le entregó la cuenta y le riñó por la carcajada.

—¡Un poco de respeto para don Braulio!

Éste se acercó a Guillermo, en tono amenazador.

—¡Es mejor que te vayas del pueblo! ¡Aquí no queremos maricones que vengan a corromper a nuestros hijos y a nuestros nietos!

Guillermo terminó por perder la compostura.

—Pero ¡qué dice! —le gritó, plantándole cara.

—¡Espero que cuando mi nieto nazca, tú ya no estés por aquí! ¡Eres como una manzana podrida y no vamos a permitir que pudras a las demás!

Guillermo no pudo soportarlo más y se acercó a un palmo de su rostro.

—¡Escúcheme bien, don Braulio! —gritó—: ¡Ser homosexual, o maricón como usted lo llama, le guste o no le guste, no me hace en nada diferente a usted! ¡¡Lo que de verdad nos diferencia, es la mierda que inunda su cabeza!!

Se produjo un silencio. Todos los presentes prestaron atención al incidente. Incluso Virginia, que iba de mesa en mesa recogiendo vasos y anotando pedidos, se detuvo. Todos miraron a don Braulio y temieron por su reacción. Don Pablo tenía ganas de salir de detrás de la barra y agredir a Guillermo, pero prefirió cederle ese placer al afectado. Sin embargo, don Braulio no movió un músculo. Nadie le había hablado nunca así, y aquellas fuertes palabras habían producido una especie de shock en aquella fría y obsoleta mente. Por su parte, Guillermo ya había dicho todo lo que tenía que decir. Pagó la cuenta y, orgulloso, los dejó plantados y salió del bar.

Entre los presentes circuló una corriente de simpatía por el valor que había tenido Guillermo protagonizando un enfrentamiento tan directo contra la persona más poderosa del pueblo, pero nadie lo exteriorizó. Poco a poco, retornó la normalidad y el ruido volvió a invadir el local. Sólo don Braulio y don Pablo se quedaron mirando a la puerta por donde había salido Guillermo.

Don Pablo salió de la barra y se acercó a don Braulio.

—¡Maricón de mierda...! —le insultó, sin dejar de mirar la puerta.

Don Braulio miró a su amigo.

—¡Éste tiene los días contados en el pueblo! —balbuceó a modo de sentencia, dando claras muestras de no haber encajado aún las contundentes palabras de Guillermo.

En el exterior, Guillermo se fue caminando hacia su casa. No recordaba haberse encontrado nunca mejor. Sin embargo, le dolía haberse enfrentado con el suegro de uno de sus mejores amigos, y le daba miedo pensar que aquello pudiera erosionar, aún más, las frías relaciones entre ellos. Pronto cayó en la cuenta: por primer vez se sentía realmente solo en el pueblo. Y más ahora, que tenía como declarado enemigo a don Braulio...

Capítulo 17

Ajeno a la crisis que se había instalado en su grupo de amigos, Antonio seguía inmerso en la vorágine de éxito y proyección profesional. Incluso a Diana le estaba costando seguir su ritmo, ya que nunca había conocido a un chico tan ambicioso e ilusionado por todo lo que hacía. Antonio no descansaba ni durante los fines de semana: siempre estaba pensando en el trabajo y en cómo poder mejorar los resultados, lo que empezó a provocar los primeros roces entre la pareja, pues la chica había preparado un par de interesantes y románticas escapadas que tuvieron que ser anuladas, ante la frustración de la joven.

La intención de Antonio era poner en práctica las propuestas teóricas que él y Diana habían planteado en su trascendental informe, antes de que la fusión se hiciera efectiva. Ella consideraba que ese trabajo no les incumbía, que ellos ya habían cumplido con el diseño y presentación del informe y que no era necesario demostrar los resultados empíricamente. Pero Antonio sabía que conformarse con una palmadita en la espalda y un aumento de sueldo era de mediocres, y se había dado cuenta de que estaba ante un momento decisivo en su carrera. Ese momento que todo el mundo espera en sus respectivas empresas, y que la mayoría nunca ve llegar o no sabe aprovechar. Y eso era algo que no iba a permitir que le pasara a él. Tenía visión de futuro y se había dado cuenta del poder conseguido tras haber elaborado ese informe tan necesario para el futuro de la empresa y, ahora, quería ir un poco más allá: quería ser clave en el engranaje empresarial, indispensable. Otras personas podían tener un cargo más elevado que él, pero si conseguía su objetivo iba a tener más poder e influencia que todos ellos juntos. Mas sus planes profesionales chocaban frontalmente con los que su novia había hecho a nivel sentimental. Diana no estaba dispuesta a permitir que el trabajo interfiriese en su vida privada, y no soportaba el afán desmesurado de su compañero. Comenzaba a creer que a éste le interesaba más escalar posiciones en la empresa que estar con ella, lo que ya había generado los primeros roces entre ambos.

Claudia, fiel a su perfil cotilla, empezó a darse cuenta de que, aunque Antonio y Diana seguían muy enamorados, la desmesurada ambición del chico les estaba distanciando. Los guiños y miradas que se lanzaban desde sus mesas habían dejado paso a discusiones públicas.

—Antonio, pásame el listado de ayer... —le pidió Diana.

—Aún no lo he imprimido. Estoy probando el nuevo sistema de...

—¡Tú y tus pruebas! ¿Cómo quieres que te diga que éste no es nuestro trabajo?

Se produjo un silencio. Diana miró a Claudia, que no se perdía detalle.

—¿Y tú qué miras?

Claudia no respondió y volvió a concentrarse en su ordenador.

Alessandro salió de su despacho con una hoja en sus manos

y Diana, muy seria, le pidió poder hablar a solas con él. La invitó a que le esperara y se acomodara en su despacho, mientras él entregaba la hoja a Antonio.

—Toma —le dijo, sin que Diana lo oyera—. Te he hecho algunas rectificaciones. Sigue así, vas por buen camino.

—Gracias. Aunque Diana te va a decir que no está de acuerdo —se lamentó, señalando al despacho, donde la chica aguardaba.

—¿Y tú?

—Yo sí.

Alessandro le guiñó un ojo en señal de asentimiento. Nadie más se percató del guiño. Alessandro regresó a su despacho y cerró la puerta.

Diana ya estaba sentada, esperándole. Él también se sentó.

—¿Vienes a hablarme de Antonio? —inquirió mientras encendía un puro.

—Sí. Está empeñado en hacer más de lo que nos corresponde.

Alessandro asintió, frunciendo el ceño.

—Me da la impresión de que se está posicionando de cara a la fusión. Incluso me han dicho que lo vieron en la gala de entrega del premio Carpeta de Oro.

—Yo también fui.

Alessandro la miró, serio.

—¿Y qué hacíais allí?

—Fuimos juntos a conocer gente.

—Nunca habías ido a esa gala. Y yo tampoco; no nos corresponde. Este Antonio te está influyendo.

—A mí no me influye nadie.

—Pero te está manipulando; se quiere adueñar del trabajo que hicisteis juntos.

—No voy a permitirlo. Pero tampoco voy a colaborar en poner en práctica el impacto de propagación de la señal digital.

Alessandro sonrió.

—Bien dicho. No te fíes nunca de nadie...

Diana asintió, seria. Su queja ya estaba formulada y no había nada más de que hablar. Le dolía tener que formular quejas sobre la actitud de su novio, pero creía que sería lo mejor para que las cosas volvieran a ser como antes. Se sentía respaldada por el apoyo de su superior, sin ser consciente de la manipulación a la que estaban siendo sometidos por su astuto jefe. Alessandro se estaba aprovechando de la crisis de la pareja para jugar con ellos como si fueran marionetas, y la ceguera de los dos jóvenes por lograr sus objetivos les hacía incapaces de ver los hilos.

Diana salió del despacho y regresó a su mesa, desde donde pudo comprobar que Antonio seguía entestado con sus objetivos.

El resto de la jornada transcurrió de forma tensa, y cuando ya estaba anocheciendo, Antonio se dirigió hacia el pasillo para tomarse un café de la máquina. A Diana le sorprendió que lo tomara a aquellas horas y se acercó a él.

—Sabes que a estas horas el café no te conviene —le reconvino, sin que los demás la oyeran.

—Me mantendrá despejado, quiero quedarme un rato más.

—¿Un rato más? Pero ¿no saldremos a cenar?

Antonio sorbió su café.

—Mejor otro día.

—¡Siempre otro día! ¿No te das cuenta de que este tema está enfriando nuestra relación?

—¡Diana, pareces una niña! ¡La que no te das cuenta eres tú de la oportunidad que tenemos!

Antonio, con el vaso de plástico en las manos, regresó a su mesa. El café estaba demasiado caliente y no tenía tiempo que perder, se lo iría tomando poco a poco. Antonio se cruzó con Alessandro, que salía del departamento. En el pasillo, Alessandro se encontró con Diana.

—¿Problemas? —preguntó, al ver su semblante serio.

—Nada que no se pueda solucionar. ¿Tienes hambre? ¿Quieres salir a cenar conmigo?

—¿Contigo? Encantado. Espera, que cojo la chaqueta y nos vamos.

Alessandro entró de nuevo en el departamento, mientras Diana lo esperaba delante de la puerta del ascensor. Llegó a su despacho, apagó el ordenador y cogió su chaqueta. Volvió a salir, al tiempo que se ponía la chaqueta y, al pasar ante Antonio, se detuvo un instante, sin que Diana le viera.

—Quiero eso para mañana por la mañana, sin falta —le ordenó.

—Lo tendrás. Aunque me quede hoy sin cenar.

Alessandro sonrió.

—Buen chico.

El impecable ejecutivo de ascendencia italiana no dijo nada más y se alejó, dejando a Antonio inmerso en el trabajo. Se reunió con Diana y juntos se dispusieron a bajar hasta el parking.

—Hacía mucho tiempo que tú y yo no salíamos a cenar juntos —dijo Alessandro, pulsando el botón del ascensor.

—Un día de vez en cuando no viene mal.

Alessandro se acercó al rostro de Diana.

—Servirá para recordar viejos tiempos —le susurró—, cuando tú y yo formábamos una pareja envidiable.

—Ese tiempo ya pasó.

—Pero los recuerdos son imborrables.

Diana dejó de mostrarse distante y le sonrió. Alessandro notó el cambio de actitud de su ex novia, que se había mostrado fría desde que se separaron. Ella había sido la mejor chica con la que había compartido su vida, la que más le había entendido, y la que más le había amado. Hasta que un día la joven se enteró de que el atractivo ejecutivo le había sido infiel con una compañera de trabajo. La separación fue realmente traumática, ya que tuvieron que seguir viéndose cada día en la oficina, y el conflicto se agravó cuando Alessandro fue nombrado jefe del departamento en el que ella trabajaba. Pero de eso hacía ya casi un año, y los sentimientos se habían enfriado. El resentimiento había desaparecido por completo en ella, y buena parte de culpa la había tenido su inesperada relación con Antonio.

Pero Alessandro había sido, por casualidad, testigo directo del amor entre Diana y Antonio, y aquello le había dolido. Desde hacía tiempo tenía un plan para hacerse nuevamente con Diana, pero la llegada de Antonio había trastocado sus planes, y ahora debía actuar deprisa. Aquella competencia había hecho renacer sentimientos casi olvidados dentro de él, y no iba a permitir que un chico de pueblo fuera su principal obstáculo. Antonio tenía una gran inteligencia, pero había algo que jugaba a favor del italiano, una arma poderosa que sólo se adquiere con el tiempo y contra la que no se puede luchar: la experiencia. Algo de lo que Alessandro iba sobrado y cuyos imperceptibles efectos Diana iba a comprobar pronto.

Capítulo 18

Antonio había logrado que la empresa le cediese un ordenador portátil, para poder seguir trabajando fuera de la oficina. Se lo llevaba consigo y, cuando llegaba a su piso, seguía trabajando. A veces no se iba a dormir hasta pasadas las dos de la madrugada, aun a pesar de tener que levantarse pronto al día siguiente, pero tenía la sensación de que era el momento de hacerlo. Ese momento que tantos otros esperan durante años y años, y que muchas veces no llega. Sin embargo éste no era su caso, ya que a él la oportunidad de su vida se le había presentado mucho antes de lo que nunca hubiera soñado, y pensaba aprovecharla. Prácticamente no dormía y casi no tenía tiempo para dedicarle a Diana, pero lo veía como una inversión a corto plazo, que redundaría en un mejor futuro para los dos. Y estaba convencido de que ella, por el hecho de trabajar juntos y conocer el medio, lo entendería mejor que nadie.

Fue precisamente en una de esas largas noches, trabajando frente al portátil con una camiseta sin mangas y unos pantalones cortos, cuando soltó un grito de orgullo. Seguramente le oyeron sus vecinos, pero eso apenas le importaba, ya que estaba realmente satisfecho: por fin había conseguido terminar el complicadísimo informe para sus jefes. Y mucho antes de lo esperado. A partir de ahora se iban a acabar las largas noches en vela, y podría dedicarle a Diana todo el tiempo que ella se merecía. Y lo mejor de todo era que su posición en la empresa iba a subir como la espuma.

Acomodó su espalda en el respaldo de la silla, cruzó los brazos por detrás de la nuca y miró radiante a la pantalla del ordenador. Luego lo apagó, se levantó y estiró los brazos, en un intento de atenuar la rigidez que invadía los músculos de su espalda, por la antinatural posición que su cuerpo había adoptado frente al portátil. Incluso se tumbó en el suelo e hizo algunas flexiones para poder recuperar la movilidad. Después volvió a incorporarse y miró la hora en su reloj; no era tan tarde como pensaba: apenas pasaban unos minutos de la una de la madrugada. Sintió una gran necesidad de compartir ese momento de gran alegría con alguien muy especial y desconectó la toma de Internet del portátil para conectar el teléfono y marcar un número que se sabía perfectamente de memoria.

El teléfono sonó sin que nadie lo descolgara. Quizás era tarde para llamar, pero deseaba hacerlo. Finalmente, se oyó una voz al otro lado de la línea.

—¿Diga...?

Antonio se emocionó al oír la voz de su padre.

—¡Hola! ¿Te he despertado...?

—¡Hola, Antoñico! —Paco también se alegró al oír a su hijo—. No, qué va. ¿Pasa algo...?

—No, no pasa nada. Bueno, sí, estoy muy animado y deseaba compartirlo contigo. ¡Estoy a punto de lograr todo aquello por lo que tú tanto has luchado! Sabes mejor que nadie que tenía muchas dudas sobre si debía o no aceptar esta oferta, pero hoy por fin debo decirte que hice bien marchándome...

Antonio continuó expresando a su padre toda su emoción y su agradecimiento por su apoyo. Paco se mostró modesto, pero su hijo insistió en que, si él no le hubiera empujado a estudiar y a irse a la ciudad, nada de lo que estaba viviendo hubiese pasado.

Luego, para no emocionarse demasiado, Antonio cambió de tema y preguntó cómo iban las cosas por la finca. Se quedó de piedra cuando su padre le dijo que uno de los nuevos caballos que había comprado había introducido una variante de la peste equina en la yeguada.

—¿Y hay muchos caballos afectados? —preguntó, muy preocupado.

—Lo sabremos cuando lleguen los análisis...

—¿Y tú cómo estás?

—Bien, Antoñico. Cosas peores ha superado tu padre...

Antonio se ofreció a regresar a la finca para ayudarle, pero Paco rechazó de forma contundente tal oferta. Su hijo tenía que seguir en la ciudad, luchando por la consecución de sus éxitos. Finalmente, llegaron al acuerdo de mantenerse permanentemente informados de cualquier novedad.

Paco colgó el teléfono, preocupado. A su lado estaba su amante, Asunción, que había permanecido en silencio durante toda la charla telefónica.

—Quizá no tenía que habérselo dicho... —murmuró, apesadumbrado.

—Tu chico es inteligente y lo hubiese descubierto. Está permanentemente en contacto con los otros muchachos, y tarde o temprano se hubiese enterado.

—Sí, le conozco y sé que se enfadaría muchísimo si descubriera lo de la peste equina y no se lo hubiésemos dicho. Pero precisamente porque le conozco sé que se ha quedado inquieto.

Asunción se acercó a Paco y le abrazó.

—No te preocupes por él. Es listo y sabe cuidar de sí mismo.

Paco asintió.

—Él tiene que pensar sólo en su futuro. No quiero que se preocupe por las cosas del pueblo. Quiero que se concentre en el trabajo en cuerpo y alma. Sólo así se consiguen los éxitos.

—Y lo hará, ya lo verás. Sabe que no es necesario que vuelva a la finca...

Pero Paco no se quedó tranquilo; él conocía a su hijo mucho mejor que Asunción y temía haberle dejado preocupado. Su hijo era capaz de cualquier cosa...

Efectivamente, hacia las seis de la madrugada le despertó el ruido del motor de una camioneta. Paco se asomó por la ventana de su habitación y negó con la cabeza en señal de reprobación al ver que era su hijo quien había llegado. Rápidamente, cogió el batín y salió de la casa.

—¡Antoñico! —le gritó, riñéndole—. ¿Quieres explicarme qué coño estás haciendo aquí?

—Menudo recibimiento. ¿No dices siempre que esto es para mí? Pues he venido a controlar mi negocio. ¿Dónde están?

—En la cuadra vieja. Los he separado de los demás.

Antonio se dirigió hacia la cuadra. Paco le siguió de cerca y entraron casi al mismo tiempo. Antonio encendió la luz y vio que algunos caballos tenían muy mal aspecto.

—Tanto trabajo para nada, Antoñico; para nada...

Antonio se acercó a los caballos y los acarició.

—Aún podemos salvarlos.

—A éstos ya no. A los que debemos salvar son a los que aún no han caído enfermos.

—Va a haber mucho trabajo en los próximos días. Me quedaré contigo a ayudarte.

—No hace falta, Antoñico. Tú regresa a la ciudad.

—De ningún modo. —Se acercó a su padre e incluso se permitió la licencia de bromear, para desdramatizar—. Al fin y al cabo, todo esto va a ser mío algún día y quiero que me llegue en las mejores condiciones.

Paco sonrió por el optimismo de su hijo. Antonio prosiguió:

—Deja que haga una llamada a mi jefe para pedirle permiso para quedarme.

—Tú mismo. Pero no hagas nada de lo que puedas arrepentirte.

—Tranquilo, papá. Por eso voy a llamarle.

—Iré a preparar tu habitación.

Paco salió de la cuadra y Antonio cogió su móvil y llamó al teléfono particular de Alessandro. Lógicamente, a esas horas estaba durmiendo, pero era necesario despertarle para avisarle de que al día siguiente no iría a trabajar. Precisamente, ese día se iba a celebrar la cena de la fusión, pero Antonio resaltó que con la presencia de Diana ya se sentiría representado. Sin embargo, Alessandro no quería que nada se le escapara de las manos e insistió en que él tenía que estar en esa cena, pues nadie conocía y dominaba mejor todo el material que él. Al final llegaron al salomónico acuerdo de que se quedaría todo el día en la finca junto a su padre, iría por la noche a la cena en la ciudad y luego regresaría.

Tras este acuerdo, Antonio entró en la casa y se dirigió a la cocina, donde preparó un buen café. Estaba a punto de amanecer y tenía muchas cosas que hablar con su padre. Así que se sentaron alrededor de la mesa, y disfrutaron de la conversación como si tan sólo fueran dos buenos amigos que se han reencontrado de nuevo en el tiempo. Cuando Antonio acabó de explicarle todas las novedades, Paco comenzó a contarle las suyas.

Y mientras éste hablaba, su hijo no pudo evitar pensar que no había nada como estar en casa, en su ambiente, con los suyos... Por eso, y aunque al día siguiente iba a pasarse muchas horas en la carretera, se sentía contento de haber venido y poder compartir un poco de su tiempo con la persona que más lo quería. Paco se lo había dado todo y nunca le había pedido nada... Era el momento de ayudarle de verdad...

Capítulo 19

Apenas había amanecido y Antonio y su padre, con la colaboración de Mohamed, ya estaban trabajando en la finca. Ésa era una de las características que a Antonio más le gustaban de la vida en el campo: el aprovechamiento del día. El placer de salir fuera de casa sin tener que escuchar el horrible sonido de los coches parados y amontonados en un estúpido caos que se repetía cada mañana. Antonio inhaló profundamente el aire fresco que había dejado el rocío de la mañana, y lo comparó con el humo que a esa hora solía respirar por culpa del tubo de escape de los automóviles. Y lo peor de todo era esa marabunta de gente hacinada en estrechas aceras, andando tan rápido como sus piernas se lo permitían. Mirando sus semblantes cualquiera diría que llegaban tarde al día de su boda, sin darse cuenta que querer robar un par de minutos al reloj tan sólo produce ansiedad y angustia. Observando la quietud que lo rodeaba, Antonio entendía por qué le había costado tanto irse del pueblo, y pensó en las noches que había pasado en vela por acabar el maldito informe. Y en algún lugar de su cabeza surgió la duda sobre si había merecido realmente la pena dejar de lado cosas tan importantes como su relación con Diana.

Una camioneta se acercó a la finca, demostrando que el madrugar no era una característica exclusiva de la familia de Antonio.

Paco alzó la vista y reconoció el vehículo:

—Es el veterinario. Traerá el resultado de los análisis.

Antonio, Paco y Mohamed dejaron de trabajar. El magrebí se quedó en el mismo sitio, con el rastrillo en sus manos, mientras padre e hijo se acercaron al veterinario, justo cuando se apeaba de la camioneta.

—Buenos días —saludó el recién llegado.

—Espero que sean buenos... —murmuró Paco, serio.

—Pues no.

Se produjo un silencio incómodo.

—¿Tan mal ha ido?

—Paco, es duro para mí tener que decirte esto. Hace muchos años que nos conocemos...

—No te andes por las ramas y di lo que tengas que decirme.

—No es posible salvarlos. Hay que sacrificarlos.

Paco y Antonio se miraron, afectados. El veterinario continuó con su exposición.

—Si los sacrificamos pronto, tal vez podamos salvar a los demás caballos, aunque tampoco es seguro. Pueden estar todos infectados...

—¿Todos...? —se lamentó Antonio, pensando en su caballo *Zafiro*.

—Hay que ser optimistas. Primero habrá que esperar los análisis de los demás.

Paco procuró desmarcarse del sentimentalismo de su hijo y mostrarse más sereno.

—¿Qué nos recomiendas que hagamos?

—Sacrificar a los enfermos cuanto antes. Mañana mismo, a ser posible.

Antonio no deseaba oír más y, sin decir nada, se fue alejando del veterinario y de su padre, en dirección al establo donde estaba *Zafiro*.

Por su parte, los dos hombres siguieron hablando.

–Paco, tendrías que firmarme unos papeles.

–Claro. Ven, entremos en la casa –le ofreció, disimulando su estado anímico.

Antonio, en el establo, se acercó a *Zafiro*. Le acarició el morro y ambos se miraron a los ojos. Como en otras ocasiones, no necesitaron hablarse. Mentalmente, Antonio animó a su caballo a ser fuerte, a no caer como los demás, a demostrar que él era especial... También como en otras ocasiones, *Zafiro* pareció como si le entendiera...

La visita del veterinario y la noticia que había traído consigo marcó el resto de la jornada. Ni Antonio ni Paco se intercambiaron ninguna de sus habituales bromas. La tensión era patente. Paco había hecho una gran inversión con la yeguada y, por culpa de la enfermedad equina, no sólo podía perder la inversión sino también todo lo que había ido consiguiendo a lo largo de duros años de trabajo...

A medida que caía la tarde, se añadió una nueva preocupación: la cena de la fusión a la que Antonio estaba obligado a asistir. No le apetecía en absoluto dejar a su padre en aquellas condiciones, y su ánimo no era el adecuado para un evento tan importante.

Con calma, empezó a arreglarse. Lo hizo con tanta desgana que se dio cuenta de que iba a llegar tarde, pero no le importó.

La que también se estaba arreglando para la cena era Diana, pero ella sí había empezado pronto a hacerlo, porque deseaba mostrar una buena imagen de sí misma en una cena tan importante.

Diana llevaba todo el día preocupada por la desaparición de Antonio: no había ido a la oficina y Alessandro no le había comentado nada. Sin embargo, confiaba en verle en la cena. Incluso decidió acudir antes al evento, para hablar con él previamente a la cena: llevaban unos días distanciados y no quería perderlo. Diana eligió para la ocasión un elegante vestido negro muy escotado, que resaltaba aún más su belleza, se maquilló a conciencia y luego se fue en dirección a la fiesta.

Por su parte, Antonio también estaba listo para ir a la cena, aunque ya sabía que llegaría tarde. Elegantemente vestido, con traje oscuro y corbata, salió de su habitación y cruzó el comedor para llegar a la cocina, donde estaba su padre. Desde que vivía solo, Paco hacía más vida en la cocina que en el comedor, incluso comía allí. Antonio, al ir a entrar, vio a su padre sentado en una silla, tapándose la cara con las manos: estaba llorando en silencio. No se percató de su presencia y Antonio prefirió retroceder discretamente y no entrar en la cocina. Le afectó muchísimo ver llorar a su padre, era la primera vez que presenciaba algo así. Sintió que se le formaba un nudo en la garganta y fue a sentarse en una de las sillas del comedor. Estuvo así un buen rato, reflexionando, hasta que se convenció de que no podía dejar a su padre en semejante estado. La cena de la fusión no era más importante que su propio padre y, a fin de cuentas, podían celebrarla igualmente sin él. Lo único que le importaba en aquellos momentos era que Diana supiera entenderlo, pero si de verdad era la mujer de su vida, no tendría problemas en asumir que no hay trabajo en el mundo que sea más importante que la familia. Lo tenía claro y no había nada más que analizar: esta noche iba a quedarse junto a su padre.

Antonio se levantó y se acercó al teléfono que había sobre una mesita rinconera. Alzó el auricular para llamar a Diana y decirle que lo excusara en la cena y le representara. Sin embargo, nadie descolgó al otro lado. Antonio no sabía que ella ya había salido.

Colgó, alterado, pero procuró no perder los nervios y pensar en alguna solución. Cogió el teléfono móvil que llevaba en su bolsillo y buscó el número de Alessandro.

Su superior estaba ya en el restaurante cuando recibió su llamada.

—Ah, Antonio. ¿Dónde estás?

En el restaurante los camareros estaban terminando de decorar las mesas. Ya habían llegado algunos comensales, entre ellos Alessandro, pero ninguno se había acomodado aún, a la espera de que el maître diera por abierta la velada.

—Perdona, Alessandro, pero tengo problemas en casa. Mi padre tiene un problema muy grave y no se encuentra bien. Sé lo importante que es para todos esta cena y por eso estoy intentando localizar a Diana, porque es la única que puede sustituirme, pero no la encuentro.

En aquel momento Diana entró en el restaurante. Alessandro la vio y, a pesar de estar furioso por la ausencia de su empleado más valioso, también se percató de que era el momento idóneo para sacar provecho de la situación.

—No te preocupes por nada, hablaré con ella —le contestó.

—No sabes lo que significa para mí que lo entiendas. Te prometo que nunca lo olvidaré, Alessandro. Gracias de todo corazón.

Diana observó a la gente que ya estaba en el restaurante, intentando descubrir entre ellos a Antonio.

—No te preocupes. Ella sabrá hacerlo sola. Espero que tu padre solucione pronto ese grave problema.

Diana llegó junto a Alessandro, con claros signos de preocupación en su rostro al no ver a su novio por ninguna parte.

–¿Tienes noticias de Antonio? –preguntó.

–A saber dónde andará –criticó Alessandro, ocultando que acababa de hablar con él–. Ese chico es un irresponsable. No debimos confiar en él. Por su culpa la fusión se va a ir al traste.

–Espero que llegue pronto...

–Yo también. Aunque creo que se demora a propósito...

Diana se mostró furiosa y a la vez desilusionada con la supuesta actitud de Antonio.

–Últimamente se ha comportado de manera extraña, ¡pero esto ya es demasiado!

Alessandro asintió a las palabras de Diana y también se mostró furioso, aunque internamente sentía un gran placer al darse cuenta de que estaba logrando sus objetivos mucho antes de lo creído. Había conseguido sacar provecho de las circunstancias y separar a los jóvenes amantes sin que ninguno de los dos sospechara...

Capítulo 20

Paco se disgustó muchísimo al enterarse de que su hijo se había perdido la cena de la fusión para quedarse a su lado. Se sentía mal por haber sido la causa de que Antonio no hubiese asistido a un evento tan importante y por el que tanto había luchado. Y eso le hacía sentirse aún peor, pese a que valoraba profundamente que su hijo hubiese tenido un gesto tan bonito. Paco siempre había solucionado las cosas por su cuenta y no estaba acostumbrado a que nadie le echase una mano. Y aquella noche hubiera preferido quedarse a solas, para poder analizar mejor las cosas, que no atando a Antonio en la finca a causa de sus problemas.

Antonio conocía muy bien a su padre y no le afectó la bronca que le echó por haberse quedado junto a él, porque en el fondo sabía que se sentía orgulloso de su decisión. En realidad, la vida se componía de una cadena constante de decisiones y lo verdaderamente importante era atreverse a tomarlas y no dejarse llevar sin hacer nada. La propia esposa de Paco era un claro ejemplo de persona que se atrevió a ello y, a pesar de que tales decisiones rompieron su matrimonio, Paco se sentía orgulloso de haber estado casado con una mujer tan valiente. Una mujer tan parecida a Antonio...

Paco convenció a su hijo para que al día siguiente se acercara a la ciudad a ponerse al día sobre todo lo relacionado con la empresa y no regresara hasta que fuese estrictamente necesario. Antonio seguía considerando que no había sido tan desastroso haberse perdido la cena: el trabajo estaba hecho de antemano y para cualquier duda o aclaración ya estaba Diana. Pero aceptó ir a ver a Diana para que le contara cómo había ido todo y pasarse por las oficinas de la empresa para dejarlo todo atado y poder así regresar, en pocos días, a la finca.

Aún no había amanecido cuando Antonio se subió a su camioneta y se dirigió hacia la ciudad. Tenía algunas horas de camino por delante.

Cuando llegó, empezaban a despuntar los primeros rayos de sol. Todavía era pronto para que las puertas de la empresa estuvieran abiertas y, como tenía previsto, se acercó hasta la vivienda de Diana. Aparcó cerca y estuvo a punto de llamar al portero automático, pero pensó que sería mejor darle una sorpresa, y despertarla cariñosamente. Volvió hacia su camioneta y cogió de la guantera una copia del juego de llaves que Diana le había hecho.

Abrió la puerta del piso con suavidad por si estaba durmiendo. Las persianas estaban bajadas y penetraba poca luz, dejando la estancia en penumbra. No se oía ningún ruido. Se aproximó en silencio hacia la habitación, para comprobar si ella estaba allí.

No le hizo falta entrar. Desde el pasillo divisó la puerta abierta del dormitorio y a Diana en la cama. Estaba completamente desnuda. A su lado dormía un hombre, también desnudo: Alessandro. No había duda de que habían pasado la noche juntos.

Antonio, completamente estupefacto, se quedó pasmado

141

mirándoles. Alessandro no se enteró de su presencia, pero un sexto sentido le indicó a Diana que alguien había entrado en el piso y abrió los ojos.

Antonio y Diana se miraron. Ninguno de los dos alcanzó a decir nada. Ninguno de los dos desearía que esto estuviera pasando. Los ojos de ella se llenaron de lágrimas, y su mente sufrió una especie de shock, sin saber cómo reaccionar. Finalmente, Antonio dio media vuelta y salió del apartamento, sin tan siquiera cerrar la puerta tras de sí.

Ya en la calle, el chico perdió la compostura que había mantenido frente a Diana. La impresión por lo que acababa de presenciar era tan fuerte, que sólo tenía ganas de vomitar. Empezó a moverse dando bandazos y estuvo a punto de caer al suelo desmayado... Se ahogaba, apenas podía respirar... Y sólo tenía un pensamiento en su mente: huir, huir, huir...

Se fue hacia su piso de la ciudad y empezó a hacer las maletas. Ni tan siquiera se preocupó de colocar las cosas de forma ordenada ni de que la ropa pudiera arrugarse. Fue abriendo los cajones y los armarios, metiendo todo cuanto había en las dos maletas abiertas en el suelo. Cuando terminó, miró a su alrededor por si se le había olvidado algo y vio la fotografía de Virginia colgada del espejo. La cogió con cariño y la guardó en la maleta. Miró por última vez las paredes del piso de alquiler que la empresa le pagaba y cerró la puerta para siempre.

Colocó las maletas en el interior de su camioneta y, una vez sentado frente al volante, pensó que aún le quedaba algo por hacer. Había sido humillado y traicionado, pero no pensaba dejar que las cosas quedaran así. En su interior había un profundo y terrible sentimiento de rabia y dolor, y sólo una cosa podía hacer que se sintiera mejor: que Diana y Alessandro se sintieran igual que él. Y sabía perfectamente cómo hacerlo.

Arrancó la vieja camioneta y la condujo hasta el parking del edificio de Tecnofuture. Subió con el ascensor hasta el departamento de I+D y allí se encontró con sus compañeros, que acababan de dar comienzo a su jornada. A pesar de que una buena parte de los empleados de la empresa habían asistido a la cena de la fusión, por los pasillos reinaba la misma actividad que siempre.

Claudia se cruzó con Antonio.

—Buenos días, Antonio. Voy a buscar café para Alessandro. ¿Quieres que te...?

Pero no pudo terminar su frase, ya que Antonio casi la arrolla. Ni tan siquiera la había visto. Claudia miró a Raúl y ambos se encogieron de hombros.

Diana vio a Antonio, pero no se atrevió a levantar la mirada. Por su parte, él fue directamente a su mesa y puso en marcha el ordenador.

Alessandro estaba en su despacho. No se dio cuenta de la llegada de Antonio, porque estaba hablando por teléfono con el consejero delegado, sentado en su silla giratoria mirando hacia el ventanal, de espaldas a la oficina. Desde allí podía admirar gran parte de la ciudad y ni siquiera la resaca de la noche anterior era obstáculo para tener la sensación de que no se había encontrado mejor en su vida. Todo el mundo le había felicitado, le iban a nombrar miembro del consejo ejecutivo de la fusión entre las dos empresas y había recuperado antes de lo previsto a Diana. Se sentía un triunfador y, como tal, hablaba con total seguridad con el consejero delegado.

—Por supuesto, sí señor, todo está controlado. Sí, el trabajo de la fusión está a buen recaudo: en el ordenador de... —en un instante se percató de que todo estaba en manos de Antonio, pero disimuló— de mi equipo y en el mío, claro.

Por un momento sintió como un escalofrío recorría su espalda. Había estado tan ocupado con los preparativos de la cena y urdiendo oscuros planes para conseguir a Diana, que no había podido conseguir que Antonio le diese las copias de seguridad de los ficheros. Habían quedado que éste se las dejaría en el despacho de Alessandro antes de la fiesta, pero, con el repentino viaje para ver a su padre, Antonio no había tenido tiempo de pasarse por la oficina y prefirió llevárselas consigo.

Antonio estaba sentado delante de su ordenador. Había seleccionado distintos ficheros en la pantalla y estaba dando la orden de que fueran eliminados.

Ajeno a ello, Alessandro seguía hablando por teléfono, de cara al ventanal.

–Sí, tiene usted razón. Hoy mismo me encargaré personalmente de que se hagan copias de seguridad de todo el trabajo.

–No es que haya que desconfiar de nadie –aclaró el consejero delegado–, pero toda precaución es poca.

–Claro, claro, yo tampoco desconfío de nadie, pero es verdad que se trata de un material demasiado valioso como para no tomar precauciones...

En la pantalla del ordenador de Antonio apareció la indicación: ¿DESEA ELIMINAR TODOS LOS ARCHIVOS?. Antonio pulsó «aceptar». A continuación apareció una nueva indicación: ESTA SECUENCIA NO PERMITE UNA MARCHA ATRÁS. ¿ESTÁ SEGURO DE QUE DESEA ELIMINAR TODOS LOS ARCHIVOS? Antonio pulsó de nuevo «aceptar». Apareció una última indicación, que ocupaba toda la pantalla: ARCHIVOS ELIMINADOS.

Antonio sonrió levemente y apagó el ordenador. Justo en ese momento Claudia pasó por delante de su mesa con una cafetera.

–Claudia, ¿es para Alessandro este café?

–Sí, ya te he dicho si querías.

144

–No, gracias. Pero trae, se lo llevaré yo; tenemos un asunto que aclarar.

Antonio se levantó y Claudia le entregó la cafetera.

–Toma, pero ve con cuidado, no sea que te quemes. Ya sabes que al jefe le gusta todo bien caliente –añadió irónicamente.

–Desde luego. –Antonio cogió la cafetera–. Te aseguro que así se lo haré llegar.

Claudia se fue hacia su correspondiente mesa. Diana seguía sin levantar la cabeza.

Alessandro continuaba hablando por teléfono, de cara al ventanal y de espaldas a la puerta de su despacho, por lo que no se percató de que Antonio estaba entrando.

–Es usted muy generoso, pero le aseguro de todo corazón que un ascenso es algo que no se me había pasado por la cabeza...

Antonio llegó a la altura del italiano, que seguía de espaldas, y le vertió el contenido de la cafetera por encima, haciendo que el café aterrizase sobre la bragueta y las piernas del italiano.

– ¡¡Aaaaahhhhh!! –Un grito desgarrador cruzó el despacho hasta los pasillos y oficinas adyacentes.

Todos los empleados del departamento se volvieron hacia el despacho de Alessandro al oír su grito. De allí salió Antonio, triunfante, aunque serio. Sin más, se dispuso a irse.

Al pasar por el lado de Diana, ésta intentó retenerle.

–¡Antonio, no te vayas! Tenemos que hablar...

Él le dedicó una mirada muy dura.

–Hazte un favor: no te sigas rebajando.

–Lo siento, lo siento... –suplicó–. Perdóname, Antonio, por favor...

–¿Sabes una cosa, Diana? De donde vengo, también hay

mujeres que hacen lo que tú. La diferencia está en que ellas lo hacen por necesidad pues no tienen elección.

La provocación de Antonio irritó muchísimo a Diana.

—¿¿Cómo te atreves a decirme eso?? —le increpó, muy alterada—. Tú no eres mejor que yo, ¿te enteras?! ¡¡¡No eres mejor que yo!!! ¡¡¡Todo esto es por tu culpa!!!

Antonio ya le había dado la espalda, pero aún le quedaba algo por decirle.

—Ah, por cierto, será mejor que Alessandro y tú os vayáis buscando otro trabajo, porque al jefe no le va a gustar nada que hayan «desaparecido» los archivos de la fusión.

La cara de Diana se fue transformando, no sabía si dar crédito a la increíble insinuación de Antonio. Rápidamente, se levantó y conectó el ordenador de Antonio para comprobar si su amenaza era cierta.

Antonio no se quedó más tiempo en el despacho. Bajó al parking, subió a su camioneta y se marchó para siempre de la ciudad, en dirección a su pueblo. Mientras conducía, sus ojos empezaron a humedecerse. Se había hecho el duro delante de sus ya ex compañeros de profesión, pero de camino a su hogar empezó a llorar en silencio. Tenía la frustrante sensación de haber perdido el tiempo y, lo peor de todo, una parte importante de sí mismo. Se sentía marcado y en cierto modo hasta prostituido. Había ido a la ciudad casi obligado por su padre y su mejor amigo, en contra de lo que realmente deseaba. Y cuando por fin se encontraba a gusto y tenía la oportunidad de su vida frente a él, lo traicionaban por la espalda. No era justo, se repetía, y más ahora que estaba casi, casi..., acariciando un sueño.

Capítulo 21

A ntonio llegó a la finca de su padre a media tarde. Presentía que éste iba a quedarse sorprendido al verle regresar tan pronto, pues habían acordado que estaría varios días en la ciudad antes de volver. Su cabeza había ido a mucha más velocidad que la de su coche, analizando y recordando una y otra vez todo aquello por lo que acababa de pasar e intentando buscar un porqué que lo ayudara a serenar su rabia. Por el camino, cuantas más vueltas le había dado a su cabeza, más había apretado inconscientemente el pedal del acelerador, y tan sólo la suerte fue responsable de que su coche no se saliera un par de veces de la carretera. Una y otra vez se repetía que no era justo llegar a casa con más problemas para su padre, pero sabía que era la única persona que le podía ayudar a poner en orden sus ideas y a superar el profundo bache por el que estaba pasando. Pero lo que Antonio no podía prever era la amarga sorpresa con la que se iba a encontrar a su llegada a casa: una ambulancia se hallaba aparcada frente a la puerta y, junto a ella, de pie y muy serios, se encontraban Mohamed y Guillermo.

Antonio detuvo la camioneta y saltó de ella rápidamente para preguntar qué había pasado. Guillermo avanzó hacia él para recibirle.

—¿Qué ha ocurrido? —preguntó Antonio, muy preocupado.

—Tranquilo, no es nada. Tu padre se ha sentido indispuesto, pero ya ha pasado.

De la casa salieron dos camilleros, que transportaban a Paco. Les acompañaba el doctor del pueblo. Antonio se acercó a la camilla. Al verle, Paco le dijo:

—¡Antoñico...! Estoy bien..., estoy bien... No tenías por qué venir...

Los camilleros lo introdujeron en la ambulancia. Antonio cogió al doctor por un brazo para hablar con él.

—¿Qué ha ocurrido, doctor?

—Tu padre ha sufrido un amago de infarto. Lo tendremos un par de días en observación. Nos lo llevamos al hospital de la Santa Almudena.

—Ahora mismo voy para allá.

El doctor entró en la ambulancia y ésta se alejó de la finca haciendo sonar la sirena. Guillermo se quedó junto a Antonio.

—¡Mohamed! —pidió Antonio, con cariño—, ¡encárgate de cerrar la casa! Yo voy al hospital.

Mohamed asintió.

—¿Te acompaño? —se ofreció Guillermo.

—No hace falta. Gracias por haber venido...

Guillermo bajó los ojos indicándole que no tenía por qué agradecerle nada. Él era su mejor amigo y además apreciaba mucho a Paco, por lo que consideraba casi un deber ayudarlos siempre que fuera necesario. Por eso no había dudado ni un instante en acudir a la finca cuando vio que una ambulancia se acercaba hacia allí a toda velocidad.

Guillermo conocía bien la vida de Paco, sabía lo mucho que había sufrido y era lógico que ahora, debido a la presión por el problema con los caballos, el corazón le estuviera pasando factura.

Sin más dilación, Antonio se dirigió hacia su camioneta para acercarse al hospital.

—¡Dale recuerdos de mi parte! —le gritó Guillermo, de forma positiva.

Antonio se lo agradeció con una sonrisa.

—¡Se los podrás dar tú personalmente! ¡En un par de días seguro que está como nuevo!

Guillermo le levantó un pulgar y también le sonrió para darle ánimos. Antonio subió a su vehículo y se marchó.

Efectivamente, tal como había pronosticado el doctor, Paco estuvo un par de días en observación en el hospital y luego le dieron el alta, aunque le recomendaron que descansara y procurase no alterarse por nada. Su corazón ya le había avisado y dependía de él que no sufriera un nuevo infarto que podría llegar a ser mortal.

Al cabo de un par de días, y con el alta médica en la mano, padre e hijo salían del hospital bajo unos amenazantes nubarrones que hacían prever lluvia. Antonio llevó a su padre hasta la finca y luego se acercó al pueblo a comprar algo para comer.

Siguieron las recomendaciones de los médicos y ese día no trabajaron y lo dedicaron a descansar. Incluso fueron a pasear y se acercaron hasta la casita de la colina. No llegaron a entrar, prefirieron quedarse sentados en los dos escalones de la entrada. A pesar de que el clima no acompañaba, se sintieron más a gusto quedándose fuera que no dentro de la casa rodeados por montañas de polvo que nadie había limpiado en muchos años.

—Mi padre murió en esta casa, completamente solo —murmuró Paco, sin mirar a su hijo—. Cuando lo encontramos ya hacía dos días que había muerto...

–No hablemos más de muertes, papá. Qué fijación tienes con esto...

–Es que es tan difícil vivir día a día y tan fácil perder la vida... Fíjate en nuestra yeguada: los caballos estaban radiantes y ahora muchos tendrán que ser sacrificados. Su muerte significará la muerte de la finca, si eso ocurre...

–Por eso estoy aquí, para ayudarte en todo e impedir que ocurra. –Reposó una mano sobre los hombros de su padre–. Vamos a salir adelante, ya lo verás.

–Lo que debes hacer es regresar a la ciudad. No me trago eso de que te han dado fiesta...

–Ya te lo dije: la cena de la fusión fue bien y ahora nos han dado unos días libres.

–Entonces, ¿por qué te han llamado desde la oficina? ¿Acaso los demás no tienen fiesta?

Antonio le miró fijamente, confuso.

–¿Quién ha llamado?

–Ha sido este mediodía, poco después de que me dejaras en casa. Ha llamado una tal Claudia preocupada porque no sabían nada de ti.

–Seguro que ha llamado obligada por Diana –refunfuñó–. No se atreve a hacerlo ella misma.

–¿Os habéis discutido?

–Ojalá fuera sólo eso. Prefiero no hablar del tema...

Paco conocía tan bien a su hijo que no necesitó palabras para deducir que lo habían dejado.

–Sé cómo te sientes, hijo. A mí me ocurrió lo mismo cuando se fue tu madre. Pero no puedes obligar a la gente a ir contra su voluntad, aunque ello te haga sentir vacío...

Antonio volvió a fijar su mirada hacia el infinito.

–Daría lo que fuera por sentirme vacío. Eso sería mejor que

150

toda la rabia y el resentimiento que me quema por dentro. Y lo peor de todo es esa horrible sensación de que se ha acabado un sueño, como si, a mis treinta años, ya llegase tarde a todo...

Paco, por fin, miró a su hijo.

—Es tarde sólo para mí, Antoñico. Pero tú aún tienes una vida por delante. Quiero darte un consejo, hijo, aunque sea lo último que te diga en mi vida: búscate a una buena mujer y tened un par de hijos por los que luchar. Lo demás no importa...

—No es tan sencillo...

—Claro que es sencillo. Yo lo he perdido todo en mi vida, pero me has quedado tú. Por ti he seguido viviendo día a día. Mira, hijo, olvídate de tus fracasos y piensa sólo en el futuro.

Antonio miró a su padre y le sonrió, no tanto por el consejo, sino por intentar animarle.

—Gracias, papá. Eres lo mejor que tengo... y lo único —añadió, riéndose, en un intento por quitar hierro a la seriedad del momento.

—Éste es un buen lugar para hablar. Mi padre supo elegir bien al construir esta casa aquí.

Antonio se levantó de los escalones.

—Va a llover. Será mejor que volvamos a casa.

Paco también se levantó, pero con gran dificultad.

—¿Te encuentras bien?

—Sí, hijo, sí. Tranquilo.

Antonio ayudó a su padre a terminar de levantarse. Una fría ráfaga de viento pasó por delante de ellos como un mal presagio y, a los pocos minutos, una impresionante tormenta de lluvia y viento se desató sobre el pueblo. La finca quedó anegada en pocos minutos y Mohamed se apresuró a resguardar todos los caballos.

El temporal, lejos de amainar, se envalentonaba a cada hora que pasaba. Al llegar la noche Antonio no podía conciliar el sueño, el ruido de los truenos y las preocupaciones se lo impedía. Miró por la ventana y, a la luz de los rayos, observó cómo el viento hacía volar papeles y movía pacas de paja y cómo la lluvia había encharcado los alrededores de la finca. Después, volvió a tumbarse en la cama, aunque no logró dormirse.

Al cabo de unas horas de insomnio, oyó el ruido de un vaso de cristal que caía al suelo y se rompía. Se levantó velozmente de su cama y se apresuró a averiguar qué había pasado. El ruido provenía de la habitación de Paco. El corazón de Antonio empezó a acelerarse a medida que se acercaba. Deseaba que no le hubiera pasado nada malo, que no hubiese tropezado, que no se hubiese cortado con los cristales, que no se hubiese desvanecido...

Le llamó a medida que se acercaba, pero no recibió respuesta. Finalmente, abrió la puerta de la habitación y se lo encontró tumbado sobre la cama, con una mano a la altura del corazón y la otra colgando de la cama cerca de los cristales rotos de lo que había sido un vaso, rodeados por un charco de agua.

Antonio corrió junto a su padre y le acomodó mejor sobre el lecho, mientras intentaba reanimarle y le buscaba el pulso en el cuello, pero fue inútil. Muerto, Paco estaba muerto... De la garganta de su hijo salió un desgarrador grito de dolor que pudo oírse incluso fuera de la casa, a pesar del ruido de la tormenta. El sufrido corazón de Paco se había detenido para siempre...

Capítulo 22

Dos operarios de la funeraria colocaron la lápida en el nicho que iba a cobijar para siempre el ataúd en el que reposaba el cuerpo sin vida de Paco. Seguía lloviendo con insistencia y las gotas de agua golpeaban la lápida con brusquedad.

Paco había sido una persona muy querida en el pueblo. Aunque solía ir por libre, tenía fama de persona noble, al contrario que su padre, que llegó a crearse una leyenda negra a su alrededor. Por eso no es de extrañar que al entierro de Paco acudieran prácticamente todos los vecinos del pueblo. La iglesia no logró albergar a todas las personas que asistieron al funeral y fueron muchos los que tuvieron que quedarse en el exterior, con los paraguas desplegados aguantando el chaparrón.

En el cementerio, Antonio no llevaba paraguas y se estaba mojando. Algunos le ofrecieron cobijarse bajo el suyo, pero él ni tan siquiera parecía escucharles. Mientras la fría lluvia comenzaba a calar en su cuerpo, él, inmóvil frente a la tumba de su padre y con la mirada totalmente perdida, daba la sensación de tener su cabeza a mucha distancia de allí...

Soportó estoicamente toda la ceremonia. Nadie lo vio derramar ni una lágrima, aunque lógicamente su rostro denotaba una profunda tristeza.

Cuando los operarios terminaron su trabajo, la gente fue desfilando hacia sus casas. Algunos, los más amigos de Antonio, se acercaron a él para darle de nuevo el pésame, a pesar de que todos ya le habían dado la mano al salir de la iglesia. Pero él parecía no escuchar las palabras de sus vecinos y tan sólo reaccionó cuando se acercaron sus amigos más íntimos. Todos estaban realmente preocupados por su gran amigo, ya que sabían por lo que estaba pasando, pero lo que no podían sospechar era que, al dolor por la pérdida de su padre, se le unían los graves problemas que había tenido en la ciudad. Y de momento iban a seguir sin saberlo, así que agradeció las continuas muestras de afecto y aceptó de nuevo las condolencias de Guillermo, David, su esposa María José, que ya estaba a punto de dar a luz, Roberto, Eva, Carlos, Laura, Virginia, e incluso Miguel, el hijo del alcalde y novio de Virginia, entre otros.

El entierro de Paco no fue el único hecho lamentable de ese día para Antonio: había que sacrificar a los caballos enfermos y, según lo pactado, el veterinario se acercó a la finca unas horas después del funeral. Mohamed también colaboró activamente en la desagradable tarea de sacrificio. Hicieron un agujero con una excavadora y echaron dentro los caballos sin vida, que previamente habían recibido una inyección letal del veterinario, y los cubrieron con una espesa capa de cal viva. Todo ello bajo la incesante lluvia.

Antonio se quedó observando cómo Mohamed arrojaba tierra con la excavadora sobre el foso, una tierra que a causa de la lluvia se convertía rápidamente en fango. El veterinario se acercó a Antonio para intentar animarle.

—Era lo mejor para ellos, Antonio. Hubiesen muerto de todos modos. Así ya no sufrirán más.

—Espero que por lo menos podamos salvar a los demás... —murmuró, entre esperanzado y abatido.

—Lo sabremos dentro de muy poco. Pero ten esperanzas, tu padre los separó de inmediato cuando detectamos el brote epidémico.

Antonio no dijo nada más, se limitó a mirar los trabajos de la excavadora.

En aquel momento un coche llegó a la finca, del que bajó don Pablo, resguardándose de la lluvia con un paraguas.

—Tienes visita —le advirtió el veterinario.

Antonio, sin muchos ánimos, se dispuso a atender a don Pablo. El veterinario ya no tenía nada más que hacer allí por ese día y prefirió marcharse.

—Yo te dejo.

—Gracias por todo.

El veterinario le sonrió aceptando su agradecimiento y también para infundirle ánimos.

—Estaremos en contacto —concluyó.

Antonio asintió. Sin más, el veterinario se alejó del joven en dirección a su camioneta, y se cruzó con el recién llegado.

—Buenos días, don Pablo.

Pero el padre de Virginia no le devolvió el saludo. Trabajo tenía con mantener firme el paraguas, entre la lluvia y el viento. Además, se notaba que había ido hasta allí forzado y no estaba para cumplidos. Al veterinario poco le importó el gesto despectivo del propietario del bar y se marchó de la finca sin decirle nada más.

Don Pablo llegó junto a Antonio y le extendió la mano.

—Vengo a darte el pésame.

–Gracias, don Pablo –le agradeció, aceptándole la mano.

–Teníamos que estar en el bar y no hemos podido ir al entierro –se excusó.

–No importa. Se lo agradezco igualmente.

–Si podemos hacer algo por ti... –Don Pablo se mostraba incómodo, no se sentía a gusto consolando a nadie–. Mi mujer dice que puedes venir al bar a comer cada día que quieras.

–No es necesario, gracias. Aquí no falta de nada.

Se produjo un silencio, sin que ninguno de los dos acertara a decir nada. Ambos eran hombres de pocas palabras. Nunca habían hecho buenas migas: don Pablo detestaba a toda la juventud del pueblo y especialmente a Antonio, a quien consideraba un desvergonzado, sobre todo por cómo lo trató cuando se encontraron en la ciudad. Por su parte, a Antonio no le gustaba la arrogancia con la que hombres como don Pablo trataban a las demás personas.

Finalmente, y debido a la incomodidad de la situación y a la lluvia que caía, don Pablo zanjó la charla.

–Mi mujer quiere darte el pésame, pero está lloviendo y no quiero que salga del coche. Ven.

Antonio acompañó a don Pablo hasta su coche. El joven se colocó delante de la ventanilla del pasajero, mientras don Pablo entraba en el coche por la puerta del conductor. La lluvia caía con fuerza sobre los cristales del vehículo y era imposible poder ver a través de ellos, por lo que la esposa de don Pablo tuvo que bajar la ventanilla para poder hablar con Antonio. Por fin, el hijo de Paco vio a la esposa de don Pablo y madre de Virginia, vio a... Asunción.

–¡Antoñico, hijo! –la mujer estaba muy afectada–. ¡Cuánto lo siento!

–Gracias, doña Asunción...

—Todos le teníamos un gran aprecio a tu padre. Era una bellísima persona...

A pesar de estar mojándose, Antonio se sintió bien con las palabras de Asunción. Era una mujer afable, cordial, todo lo contrario que su marido, y sus lágrimas eran sinceras.

—¡Antoñico...! —prosiguió la mujer—. ¡No puedes imaginarte lo mal que me siento!

—¡Ya está bien, Asunción! —le increpó su marido, molesto por el dramatismo que la mujer estaba mostrando.

Antonio no deseaba que el recuerdo de su padre fuera motivo de conflicto y comprendió que le correspondía a él dar por terminada la conversación:

—Gracias por haber venido —les despidió—. A los dos.

Don Pablo puso el coche en marcha. Asunción, con la ventanilla bajada y secándose las lágrimas, aún tuvo tiempo de decirle una cosa más a Antonio.

—Antoñico, cuídate mucho, hijo. Y sé fuerte. Búscate a una buena mujer y tened un par de hijos por los que luchar...

El coche se fue y Antonio se quedó solo, perplejo bajo la lluvia, asombrado por las últimas palabras que Asunción había pronunciado, una frase singular que le había oído también a su padre. ¿Por qué habían coincidido Paco y Asunción? Sólo había una respuesta posible y Antonio lo comprendió todo. Qué lista era: le acababa de decir, y en presencia de su marido, que ella había sido... la misteriosa amante de su padre.

Capítulo 23

La tormenta continuó sin cesar durante los siguientes días. A pesar de ello, Antonio siguió trabajando. Estaba apilando unos montones de paja cubierto con un impermeable, cuando Guillermo llegó a la finca bajo un paraguas.

—¡Antonio! ¿Qué diablos haces? Vas a coger una pulmonía.

Antonio lo miró y lo saludó, sin parar de trabajar.

—¡Los animales no esperan y su enfermedad tampoco! ¡No hay tiempo que perder!

—¡No vas a lograr nada de este modo! —refunfuñó su amigo—. ¡Sólo conseguirás enfermar!

—¡Mientras haya una mínima posibilidad, seguiré luchando por la finca de mi padre!

—Esa posibilidad no está en tus manos. Así que deja de hacerte daño a ti mismo y a los que te queremos.

Por fin dejó de trabajar.

—Eso está mejor —aplaudió Guillermo—. Antonio, tranquilízate. Los caballos están en manos del veterinario. Sólo es cuestión de esperar y rogar que no todos estén infectados. Pero, sobre todo, mantén la calma.

Se sentaron en un banco de piedra. El paraguas de Guillermo los cubría a los dos. Seguía lloviendo, pero ellos ya no se mojaban: se creó como un aislamiento de todo lo que les rodeaba, gozando de una gran intimidad en esa situación.

—Mi padre hubiese deseado que no perdiera la yeguada... —murmuró Antonio.

—Te equivocas, tu padre hubiese deseado que no perdieras los nervios. ¿Desde cuándo le interesaron las cosas materiales a Paco? Si le faltaba tiempo para darte lo poco que tenía...

Antonio rompió a llorar, tapándose la cara con las manos.

—¡Le echo tanto de menos! Me siento totalmente vacío. Vacío y perdido, Guillermo.

Su amigo le rodeó los hombros con un brazo, procurando animarle.

—Es normal, Antonio. Han sido demasiadas cosas seguidas. Y no te avergüences de llorar, porque es lo mejor que puedes hacer: desahogarte. —Hizo una pausa antes de proseguir—. Mira, sé que lo que voy a decirte es muy duro, pero es el mejor consejo que puede darte un amigo que ha perdido a mucha gente querida: intenta asimilar cuanto antes que Paco no va a volver; que lo que ha ocurrido es injusto, pero no tiene solución. Porque de lo contrario te vas a destrozar a preguntas y no todas tienen respuesta.

Antonio entendió perfectamente lo que Guillermo intentaba decirle y se abrazó a él con todas sus fuerzas. De repente, comenzó a reír tímidamente, hasta estallar en una carcajada. Guillermo se mostró completamente descolocado: no comprendía las risas de Antonio, cuando un minuto antes estaba desesperado.

—¿A qué vienen esas risas?

—Pensaba en mi padre —respondió, sin parar de reír.

—¿Y eso te hace tanta gracia?

—¿Sabes quién era su amante?

–¿Te lo dijo?

–No. Pero ayer lo descubrí: era Asunción.

Guillermo abrió los ojos de forma desproporcionada.

–¿Qué? ¿La madre de Virginia?

–Lo que oyes.

–¿La esposa de ese mamón despiadado? –empezó a reír.

–La misma.

Guillermo también estalló en carcajadas.

–¡Tu padre era cojonudo! ¡El mejor hombre que he conocido en mi vida!

–Mira que tenía mujeres con las que liarse, y escogió a la más difícil.

–Qué coño, eso se merece un brindis.

–¿Orujo? –propuso Antonio, guiñándole un ojo.

–¡Con dos cojones!

–Dentro hay.

Se levantaron del banco de piedra para ir hacia el interior de la casa. Guillermo incluso cerró su paraguas, les daba igual mojarse.

–Pobre Asunción, mira que es buena mujer –dijo Antonio, entrando en la casa.

–Sí. Ella hubiese sido más feliz con tu padre que con ese monstruo de marido. Y ahora tú y Virginia seríais hermanos.

–En cambio ahora no somos ni amigos...

La presión de los últimos días llevaba a Antonio de la euforia a la tristeza, y viceversa, en décimas de segundo.

–Que esté saliendo con Miguel no quiere decir que no podáis ser amigos...

Llegaron a la cocina y cogieron un par de vasos.

–Cuando me fui a la ciudad, nunca me devolvió ninguna llamada. ¿Tanto le costaba descolgar el teléfono?

–Quizá tenía trabajo... O quizá no quería que supieras que estaba saliendo con Miguel, para no hacerte daño...

Abrieron una botella de orujo y se sirvieron.

–Eso no tiene nada que ver. Yo estuve saliendo con Diana y nunca me deshice de la fotografía que Virginia me regaló antes de irme...

–Quizás aún no sea tarde...

–Quizá no sea tarde, pero sería injusto....

Antonio vació su vaso de un solo trago, hizo una mueca y luego se quedó pensativo. Guillermo no dijo nada y le imitó vaciando también su vaso.

No necesitaron ir al bar para coger una buena borrachera.

La que sí estaba siempre en el bar, pero forzada por motivos de trabajo, era Virginia. Guillermo se acercó al día siguiente al local, ya que deseaba hablar con ella. Al entrar, don Braulio, que estaba sentado a una mesa tomándose una copa, le vio y cruzó con él una mirada para demostrarle que no le gustaba verle por allí. Guillermo prefirió ignorarle y buscó a Virginia. La encontró en la barra. Miguel, su novio, estaba junto a ella. Esa misma mañana le había regalado un anillo de compromiso y estaban hablando de ello. Virginia lo llevaba puesto. Miguel le dio un beso en la boca, pero la chica se echó atrás porque no le gustaba que nadie la besara en público y menos teniendo a su padre cerca. Acordaron verse por la noche y Miguel se marchó. Fue entonces cuando Guillermo se aproximó a Virginia. La chica sonrió al verle.

–¡Hola, Guillermo!

Éste la saludó, serio, y directamente soltó lo que había ido a decirle.

–Virginia, ayer fui a visitar a Antonio...

La chica se mostró realmente interesada.

–¿Y cómo está?

–Mal, aunque intente disimularlo. Se pasa los días y las noches trabajando sin cesar en la yeguada, como si eso fuera a dar resultados.

–¿Va a perder a todos los caballos?

–Aún no lo sabe, aunque eso es lo de menos. Ya lo ha perdido todo: el trabajo en la ciudad, a su padre..., y te ha perdido a ti.

–No digas eso, Guillermo –rogó Virginia, incómoda–. Fue él quien no quiso saber nada de mí. Me dejó plantada en el pueblo y se fue a hacer las américas en la ciudad y a liarse con esa rubia pija.

–¿Por qué no le devolviste ninguna de las llamadas?

–¿Qué llamadas...? –se extrañó.

–Él te estuvo llamando cuando se instaló en la ciudad. Deseaba compartir sus avances contigo...

–Eso..., eso no es cierto...

–Sí lo es. Ayer mismo lo estuvimos hablando. Además, cada vez que me llamaba preguntaba cómo te iban las cosas.

–¿Por qué iba a acordarse de mí? Él..., él sólo tenía ojos para aquella niñata. Me lo contó María José cuando volvisteis todos de visitar a Antonio y a su guapísima novia.

–Debes entenderlo, al no devolverle las llamadas, dio por sentado que no te interesaba una relación a distancia.

Virginia estaba confusa.

–No..., no lo entiendo. Nunca recibí ninguna llamada suya. Fue por eso que decidí olvidarme de él... ¡No sabes cuánto he odiado a Antonio!

–Puedo entenderlo perfectamente. Pero en este caso Antonio no tiene ninguna culpa.

–Quizá..., quizá llamaba y con el ruido del bar no le oía...

–intentaba buscar justificaciones–. Nunca hago caso del teléfono... Yo..., yo... Ya se encarga mi padre de cogerlo...

Guillermo y Virginia abrieron mucho los ojos y miraron a don Pablo, que precisamente estaba hablando por teléfono. Los dos le fulminaron con la mirada. No hacía falta decirse nada, ya que ambos estaban pensando lo mismo: su padre no le había pasado las llamadas.

Don Pablo colgó y Virginia se acercó a él.

–¿Quién era, papá?

–¿Eh? ¡No lo sé, con este ruido no se oye nada! ¡Ya volverán a llamar si es importante!

Don Pablo siguió atendiendo a los clientes. Virginia agachó la cabeza y dijo para sí:

–¡Dios mío! Papá, ¿qué me has hecho...?

Guillermo procuró consolarla y a la vez ayudar a su amigo.

–Antonio te necesita... Sólo tú puedes ayudarle.

–Yo ya no puedo ayudarle... –murmuró, mirando su anillo de compromiso.

–Sólo te estoy hablando de hacerle una llamada. Antonio tampoco te permitiría que dejaras a Miguel...

Virginia levantó la cabeza y se acercó al teléfono. Guillermo la acompañó. La chica marcó un número y esperó, pero nadie respondió.

–No hay nadie... –se lamentó colgando.

–No lo entiendo –se extrañó Guillermo–. Me prometió que no trabajaría más por hoy y aprovecharía lo que quedaba del día para reflexionar...

De repente, los ojos de Virginia brillaron y afirmó con decisión:

–Entonces creo que sé dónde encontrarlo.

Abandonó su lugar en el bar sin pedir permiso a nadie y salió a la calle. Guillermo la observó sin saber adónde iba, pero se sintió orgulloso por haber tomado la determinación de ir a hablar con ella.

Don Pablo, que había seguido con la mirada la extraña charla entre Guillermo y su hija, observó como la chica salía rápidamente del bar, sin darle tiempo a preguntar adónde iba, y volvió a mirar a Guillermo con una mezcla de incredulidad y rabia contenida, convencido de que había tenido algo que ver con la extraña reacción de Virginia.

Capítulo 24

Virginia caminó y caminó bajo la lluvia. Había salido precipitadamente del bar y no había cogido ni un paraguas y ni siquiera un jersey o chaqueta. Los cabellos le chorreaban y los zapatos se le pegaban en el barro. Por fin, divisó la casita de la colina.

Su intuición era correcta, no se había equivocado: Antonio estaba allí. El chico también estaba completamente empapado, y descargaba unos arreos del remolque de su camioneta, que habían pertenecido a los caballos que ya habían enterrado, para guardarlos dentro de la vivienda de su abuelo. Con el paso de los años, la casita de la colina se había ido convirtiendo en un panteón de recuerdos para él.

Virginia se aproximó hasta el chico de manera casi imperceptible. El ruido del agua impidió que Antonio se percatara de que alguien se estaba acercando. La chica lo abrazó por detrás sin decir nada y él se quedó estático y helado. Incluso soltó los arreos que llevaba en esos momentos entre sus manos. Sabía de quién se trataba...

Acarició las manos de la chica, que le rodeaban la cintura, y cerró los ojos. Pudo percibir y sentir el cuerpo mojado de ella pegado a su espalda, al tiempo que su corazón comenzaba a acelerar súbitamente el ritmo de sus latidos. Una tromba de sentimientos entremezclados con recuerdos inundaron la cabeza de Antonio en apenas décimas de segundo, y por un instante tuvo la sensación de que todo lo ocurrido en los últimos días no había pasado. Virginia también cerró los ojos. La lluvia los envolvía como si fuera un manto. Ambos notaron un escalofrío por todo el cuerpo, pero no era por el tiempo gélido, sino por la química del momento. Y eternizaron ese momento procurando no estropearlo con palabras. Prefirieron seguir en silencio, entregados por completo al lenguaje de las sensaciones...

Lentamente, Antonio se fue volviendo hacia Virginia hasta quedar frente a ella y la abrazó con todas sus fuerzas, transmitiéndole con ese gesto todos sus sentimientos. Desde la distancia parecía como si aquellos dos cuerpos fueran sólo uno y, de hecho, así era en aquellos momentos.

Se miraron un instante y comenzaron a besarse, desatando toda la pasión que habían acumulado a lo largo de todo el tiempo que habían estado alejados...

Sin separar sus cuerpos ni dejar de besarse, entraron en la casa y se tumbaron sobre la centenaria cama, el mismo lugar donde habían estado el último día en que se vieron, antes de que él se marchara a trabajar a la ciudad.

Antonio desnudó a Virginia cariñosamente, besando cada pequeña porción de cuerpo que aparecía liberada, mientras Virginia permanecía con los ojos cerrados, abriéndose a un anhelado mundo de sensaciones. Con ternura, Antonio recorría una y otra vez el ya desnudo cuerpo de su amante, eternizando un momento mágico, único, en el que cada caricia era en sí un universo de deseo, al que Virginia se entregó con toda la fuerza de una pasión desbordante.

Hicieron el amor sin cruzar una palabra. Pero fueron los instantes más placenteros para ambos de toda su vida. La chica incluso gritó y jadeó como nunca antes lo había hecho, consciente de que en esa colina nadie podría oírles y además el ruido exterior de la lluvia los protegía.

Cuando terminaron, continuaron abrazados, tumbados sobre la cama. Seguían teniendo los cuerpos empapados, pero ya no por la lluvia sino por el sudor.

Virginia miraba al techo y por fin se decidió a hablar.

—¿No quieres saber por qué no te devolví las llamadas...? —le susurró.

Antonio, abrazado a ella por la espalda, apretaba de manera casi instintiva el pecho de Virginia con la mano, mientras adaptaba su cuerpo al sinuoso contorno de la chica.

—No —le respondió, también susurrando.

Pero Virginia, que tenía muy claro que o era ahora o nunca, decidió proseguir.

—Mi padre nunca me dijo que habías llamado. Hoy me lo ha dicho Guillermo...

—Eso ya no tiene importancia... —volvió a susurrar.

—Lo sé, y quizá no sea el momento, pero necesito saber si... si aún puedo esperar algo de ti...

Antonio dejó de acariciarla y se incorporó levemente, apoyándose sobre los codos, al tiempo que hizo girar a su amante para poder mirarla a los ojos. Tras unos segundos de reflexión, habló muy sinceramente.

—Te quiero, Virginia. Te aseguro que te quiero. Pero hay momentos en los que de pronto me derrumbo y no es bueno estar cerca de mí...

La chica también decidió incorporarse y apoyarse sobre los codos.

–Todo eso no importa si me dices que me quieres...

Antonio suspiró, preocupado. La quería más de lo que había querido nunca a ninguna otra chica, incluida Diana. Pero sabía que si se lo decía, Virginia dejaría a Miguel. En muy poco tiempo le habían ocurrido cosas terribles que aún no había asimilado y que le habían dejado una herida que tardaría mucho en cicatrizar. Antonio se conocía mejor que nadie y era consciente de la inestabilidad de su ánimo y de lo cerca que había estado en las últimas horas de derrumbarse. Se movía sobre el alambre de una profunda depresión como si fuera un funambulista y, de caer, no deseaba arrastrar a nadie, y mucho menos a ella.

Se levantó de la cama y se acercó a la ventana. Miró la lluvia a través de los cristales y habló de espaldas a Virginia.

–No lo entiendes. Hay más cosas además de la muerte de mi padre que hacen que me sienta vacío. Quizá sea algo pasajero, pero me sentiría aún peor si estuvieras a mi lado y viese reflejado en tu cara cómo te arrastro cada día un poco más conmigo...

La sinceridad en las palabras de Antonio hicieron mella en el corazón de Virginia, que notó como se le iba formando un nudo en la garganta.

–Ven, túmbate... –le recomendó, con voz entrecortada–. Vas a coger frío...

Antonio aceptó volver a la cama. Sabía que le estaba haciendo daño y que también se lo estaba haciendo a sí mismo, pero no podía volver a entrar de golpe en la vida de Virginia llevando consigo semejante equipaje. No, si realmente la quería. Debía ser justo y renunciar. Permitir que Virginia tuviera con Miguel su oportunidad de ser feliz, de la misma manera que él tuvo la suya con Diana.

Antonio se tumbó de nuevo en la cama y la besó en la frente. Aunque había sido ella la que había ido a darle ánimos a él, ahora era Antonio quien procuraba dárselos a ella.

Virginia se acurrucó de espaldas a Antonio y él la abrazó. Por fin, Antonio le aclaró sin tapujos el motivo de su renuncia.

—Créeme, Virginia, Miguel es un gran tío —le susurró al oído—. A mí no me queda nada por ofrecerte, tan sólo problemas. Estarías loca si pensaras en cambiarlo por alguien como yo...

Antonio, al estar abrazando a Virginia por detrás, no vio como las primeras lágrimas comenzaban a deslizarse en silencio por el rostro de la chica. Ambos sabían que era el final. El final de una preciosa relación que nunca llegó a comenzar.

Capítulo 25

Guillermo llegó a la finca de Antonio, pero con el ruido de la lluvia que seguía cayendo nadie se dio cuenta. Tuvo que llamar al timbre de la puerta para que Antonio se percatara de su presencia.

Éste agradecía las visitas diarias de su amigo. Guillermo cerró el paraguas y entró.

—¡Este puto tiempo no hay quién lo arregle! —refunfuñó.

—El tiempo nos domina. Pasa, tengo el fuego encendido.

—Acabo de cruzarme con Carlos, persiguiendo a su burro. El ruido de los relámpagos lo volvía loco y se le ha vuelto a escapar.

—¿Otra vez? Pues que no se acerque por aquí o va a pillar la peste equina...

Los dos amigos llegaron hasta la cocina, donde un montoncito de leña mantenía vivo el fuego.

—¿Qué tal están los caballos? —preguntó el recién llegado.

—Esperando resultados.

—¿Y tú qué tal estás, Antonio?

—Mejor, gracias. —Hizo una pausa y prosiguió—: No hace falta que te diga quién vino a verme ayer.

Guillermo sabía que se refería a Virginia. No necesitaban ser demasiado explícitos en sus comentarios; los dos eran adultos y listos. Antonio había deducido que la visita de Virginia había sido fruto de su anterior charla con Guillermo.

Efectivamente, su amigo había intercedido para intentar unir a la pareja, pero a los pocos segundos de estar con Antonio ya detectó que no lo había logrado, lo que le enervó.

—A veces pienso que intentas compensar tu inteligencia con tu torpeza —le recriminó Guillermo—. ¿No te das cuenta de la oportunidad que tienes ante ti?

Guillermo había sido testigo directo de la loable reacción de Virginia en el bar al enterarse de lo mucho que Antonio la necesitaba. Él mismo vio cómo la chica se tragaba todo su orgullo, sin dudar un instante, demostrando hasta dónde estaba dispuesta a llegar para recuperarle.

—Esa chica es lo mejor que tienes y espero que sepas apreciarlo. No hay nada peor que estar solo, y te lo digo por experiencia.

Antonio miró fijamente a Guillermo, incrédulo. A Virginia ya le había hecho daño una vez y no quería arriesgarse a hacérselo de nuevo. La quería demasiado. Sabía que con su actitud iba a perderla, pero con la muerte de su padre, la traición de Diana, su autodespido en el trabajo y el problema de la yeguada, los sentimientos bailaban por su cabeza. Y no pensaba andar jugando con ella.

—Y con respecto a estar solo —concluyó Antonio—, sé que no lo estoy: te tengo a ti.

Guillermo se puso aún más serio y negó con la cabeza. Con un tono intimista le confesó que la vida en el pueblo se estaba haciendo muy dura para él. Durante el tiempo que Antonio había estado en la ciudad, Guillermo recibió muchas presiones para que se fuera. Al principio no pasaban de simples insinuaciones, pero con el paso del tiempo fueron más directas. A don Braulio no le gustaba nada que hubiese alguien como él en su entorno.

—Y no sabes lo duro que es escuchar que te llamen maricón en público, el desprecio de la gente y que no te vendan en las tiendas por ser propiedad de don Braulio. Así que he estado sopesando alternativas en caso de quedarme y me he dado cuenta de que...

—... de que lo mejor es huir como un cobarde —remató Antonio, sin mirarlo.

—Nunca he presumido de valiente, pero a mi edad te aseguro que no tengo el ánimo para ese tipo de luchas que creía olvidadas. Aun así, te diré una cosa, y espero que no la olvides: es tan cobarde mi postura como la tuya con Virginia. En el fondo, los dos huimos...

Se produjeron unos segundos de silencio.

—Tú te vas, David está atado por su mujer... y Carlos se nos casa el sábado.

—¿Irás a la boda?

—No lo creo...

—Antonio, no soy quién para aconsejarte, así que haz lo que quieras. Pero a la despedida de soltero no puedes faltar.

—No estoy de humor...

—Antonio, esa fiesta es mucho más que eso. Será la última vez que estaré con vosotros, que estaremos todos juntos. No debes fallar. Después, tal vez cada uno se irá por su lado, pero esa noche siempre será para nosotros. Al final, los recuerdos son lo único que nos queda...

Los dos amigos se miraron, en silencio. Finalmente, Antonio alzó la voz:

—¡Iré a la fiesta!

—¡Bien! ¡Será como en los viejos tiempos! El viernes a las nueve pasaré a buscarte.

El viernes siguiente, por la noche, Antonio y Guillermo entraron juntos en el bar del pueblo. Como siempre, estaba bastante concurrido. Aun así, localizaron rápidamente a sus amigos, pues eran los que hacían más ruido. Estaban de pie por el local, separados, ya que la fiesta aún no había comenzado. Antonio comprobó que sus amigos iban acompañados de sus respectivas parejas.

—No me habías dicho que estarían las chicas.

—Las cosas están cambiando un poco. Además, ¿por qué crees que te pedí que vinieras?, no tenía pareja.

Guillermo le guiñó un ojo, bromeando. Carlos se acercó hasta ellos, gritando en voz alta.

—¡Por fin! Empezaba a pensar que no vendríais.

—Pero, qué dices —bromeó Antonio—. ¿Y dejar que sea otro el que te la pegue con tu novia cuando tú ya estés borracho?

—Ojos que no ven, borrachera que te endiño.

Los tres rieron con ganas.

Antonio intentó divisar a Virginia, pero no la vio por ninguna parte. A la que sí vio fue a Laura, la novia de la fiesta, y decidió dejar que Guillermo y Carlos siguieran hablando solos, para acercarse a ella, que estaba junto con María José y David. Antonio se colocó detrás de Laura y le dio un toquecito amigable en el trasero.

—Sigues teniendo el mejor culo de todo el maldito pueblo.

Laura se volvió al oír su voz, muy contenta.

—¡Antonio! Qué ilusión que hayas venido. Quiero que me prometas que irás a la boda.

—Hablando de boda, ¿estás completamente segura? Piensa que aún podríamos fugarnos.

David y María José sonrieron de forma cómplice, sin entrar en la conversación.

—Si me lo pides dentro de una hora y aún no vas borracho, quizá lo haga... —Laura también bromeaba. Luego cogió a Antonio por un brazo y lo alejó de los demás para susurrarle—: Virginia no ha podido venir porque ha pillado un resfriado.

—Lo entiendo, y siento que por mi culpa no esté aquí.

—No, Antonio. También me dijo que te diera las gracias.

Mientras tanto, en el otro extremo del local donde estaban Guillermo y Carlos, Roberto y Eva se unieron al grupo, justo en el momento en el que subieron el volumen de la música para que, quien lo quisiera, pudiera bailar.

—Vamos, Roberto, sácame a bailar —le pidió su novia, coqueta.

—Tú estás loca —Roberto miró a sus amigos—. Un hombre al que le quede un poco de dignidad no baila.

—¿Ah, no? ¿Y puedes decirme qué es lo que hace?

—Se queda en la barra del bar, bebiendo, mientras observa cómo bailan las chicas.

—Muy bien, pues como yo también tengo mucha dignidad, hasta que no nos casemos olvídate de este cuerpo.

Guillermo y Carlos se rieron, burlándose de su amigo.

—Pues Roberto lo va a pasar mal —apostilló Carlos—, porque éste no es de los que se casan...

—¡Mira quién habla! —contraatacó Roberto—. ¡Y mañana se lo llevan al altar!

—Ha sido una condición de sus padres para que Laura pueda ir conmigo a Andalucía.

Guillermo dejó de reír y de bromear.

—Así que es definitivo. Tú también te vas.

174

—¿Qué significa eso de que «tú también»? —interrogó Roberto, enfadándose.

—Pues eso, que yo también me voy.

Carlos, Roberto y Eva se quedaron de piedra. Le preguntaron por qué se iba y Guillermo les contó sus motivos.

Desde el otro lado del local, Antonio, David, María José y Laura vieron que el otro grupo estaba muy serio atendiendo a los comentarios de Guillermo. Antonio dedujo con acierto que el tema era su marcha y así se lo explicó a los demás.

—¡Joder, mierda! —se disgustó David—. Pero si parece que fue ayer cuando no teníamos ni novias.

—Sí, pero han pasado más de diez años desde entonces —le recordó Antonio.

—¿Y sabes por qué se va? —inquirió su amigo.

Antonio miró a María José al responder.

—Según parece, alguien le está poniendo las cosas difíciles últimamente por aquí...

Todos sabían de quién estaba hablando. María José se sintió incómoda y aprovechó para alejarse de la conversación.

—Creo que iré a por otra cerveza. ¿Te apetece una, cielo?

—No —respondió David, de forma muy seria y rotunda.

Antonio y David miraron cómo se alejaba. Cuando estuvo lo suficientemente lejos como para no oírles, David les dijo a Antonio y Laura:

—Se va por culpa de su padre, ¿verdad?

Antonio asintió.

—Está poniendo a todo el mundo en su contra —se quejó Laura—. Incluso mi padre nos ha prohibido que invitemos a Guillermo a la boda. Y como mi padre debe unos favores a don Braulio... Y, como él, mucha gente. Por eso nos vamos, porque aquí no tenemos futuro si no pasamos por sus manos.

—Lo controla todo, hasta al alcalde.

Los tres amigos se sentían fatal.

—No hace tanto no hubiésemos dejado que esto pasara... —aseguró Antonio.

—Lo sé, pero estoy casado con su hija, espero un niño y trabajo con él. Me tiene cogido por los huevos.

—Lo sé, David. No lo decía por ti...

David se quedó cabizbajo. La fiesta de despedida de solteros de Carlos y Laura aún no había comenzado y el recuerdo de don Braulio ya la había empañado. Aunque, en realidad, sabían que el problema era otro mucho más profundo: la descomposición de su grupo de amigos como tal. Todos tenían importantes obligaciones y habían olvidado esa fuerza y ese descaro de aquellos que no tienen nada que perder para luchar contra lo que creen injusto. Por eso Antonio estaba ansioso por ver aparecer a don Braulio y decirle lo que pensaba de él. No tenía nada que perder, y nada que esperar de aquel hombre que se comportaba como si fuera el señor del castillo en plena época feudal...

Capítulo 26

La fiesta continuó hasta altas horas de la madrugada. Allí no se iba nadie. Era costumbre cerrar tarde el bar, porque muchos vecinos se resistían a abandonar el local, no tanto para seguir bebiendo como para seguir charlando. La verdad es que hacían poco gasto, algo que a don Pablo le irritaba: en más de una ocasión se le había oído decir que los vecinos del pueblo sólo servían para calentar sillas.

Pero esta noche era distinta. El grupo de amigos celebraba la próxima boda de Carlos y Laura y no reparaban en gastos. Todos estaban bebiendo más de la cuenta, pero la ocasión lo merecía. Los chicos estaban descamisados y el alcohol comenzaba a hacer efecto. A pesar de los problemas que afectaban al grupo, se lo estaban pasando realmente bien.

Eva y Laura conversaban, sentadas, mientras cada una de ellas sostenía una jarra de cerveza.

—Espero que el ramo me lo tires a mí —insinuó Eva—, que es a quien más falta le hace.

—Yo creo que ni así conseguirás que Roberto se case —se rió Laura.

—Es curioso, a medida que pasa el tiempo, cada vez me importa menos. Es más, al principio sentí envidia de que te casaras y te fueras. Pero luego me di cuenta de que en ningún sitio iba a estar mejor que aquí. No tendré lujos, pero sí todo lo que necesito cerca: mis padres, mis amigos, mi trabajo... y a Roberto.

–No te lo tomes a mal, pero yo necesito un poco de emoción en mi vida.

–¿Y te parece poca emoción tener a Roberto de novio? –las dos rieron–. No, en serio, si un día quiero emociones, me quedo embarazada y listo.

En ese momento llegaron junto a ellas Roberto y Carlos, bastante animados. Roberto cogió a Eva por la cintura y la besó en los labios.

–No sé si podré esperar a llegar a casa...

Eva miró a Laura, sin deshacerse de Roberto.

–¿Ves lo que te decía?

Carlos entendió que sus respectivas novias habían estado hablando de sexo durante su ausencia.

–Para que luego digáis que las chicas no habláis de eso.

–Oye –le recriminó Laura–, que Eva se refería a otra cosa.

Ellos se miraron incrédulos, compartiendo una sonrisa, y Roberto añadió:

–No te disculpes, si a mí ya me gusta, ya.

El resto del grupo también se fue acercando y añadiendo a la charla que habían iniciado Eva y Laura, salvo David y Guillermo, que tuvieron necesidad de ir a evacuar un poco de líquido, para, como decían ellos, tener espacio libre para poder beber más.

David y Guillermo llegaron hasta la puerta de los servicios, justo cuando de allí salía don Braulio, que les miró de forma despectiva. Aunque no estaban borrachos, se notaba que habían bebido más de la cuenta.

–¿Vais a los servicios de dos en dos, como las mujeres? –se mofó.

Ninguno de los dos respondió a la provocación de don Braulio. Éste les cerró el paso, porque deseaba seguir desafiándolos, en especial a Guillermo.

–A ti ya te debe gustar ir de dos en dos, ¿verdad mariquita?

–Yo a usted no le he dicho nada...

–¡Y guárdate de decirme algo o te rompo la cara! ¡No me gusta que los maricones se dirijan a mí!

David, como yerno suyo, se consideró con el derecho de replicarle para poder defender a su amigo.

–¡Guillermo es una persona como cualquier otra!

–¿Cómo te atreves a hablarme así, desgraciado? –don Braulio le miró furioso–. ¡Ya te estás largando para casa inmediatamente!

Antonio, Carlos y Roberto se percataron de la discusión en la puerta de los servicios.

–Chicos, algo pasa –advirtió Antonio–. Vamos.

Los tres amigos se acercaron al lugar del conflicto.

–¿Algún problema? –inquirió Antonio, desafiante.

–¡Los que faltaban! –se quejó don Braulio.

Guillermo se dirigió a sus amigos.

–Parece ser que don Braulio piensa echar a todo el mundo del pueblo.

–A todo el mundo, no –concretó el hombre–. Sólo a ti, maricón.

–El insulto es propio de gente estúpida, que no tiene más argumentos con los que discutir... –le provocó Antonio.

–¡Tú ocúpate de lo tuyo, que menudo plan tienes en tu finca! ¡Y tú, David, ya estás volviendo a casa, mañana hablaremos seriamente!

Don Braulio se alejó de ellos y terminó marchándose del local.

Los chicos se miraron entre sí, muy irritados. Estaba claro que tenían que hacer algo, que eso no podía continuar así. Para empezar, David aseguró que no se iba a su casa como le había ordenado su suegro, sino que se quedaba con sus amigos. Las miradas de irritación fueron convirtiéndose en miradas maliciosas. Todos pensaban lo mismo: había que tramar un plan. Y nada mejor para discutirlo que con unas cuantas jarras de cerveza.

La fiesta se dio por terminada al cabo de un rato y las chicas empezaron a despedirse afectuosamente, pero los chicos decidieron quedarse un poco más.

—¿Por qué no venís? —les preguntó María José.

—Mujer —le respondió su marido—, es el último día que vamos a estar todo juntos y queremos hablar un rato.

Eva no se lo creyó.

—No sé, pero conociéndoos esto me huele fatal.

—Que no, tonta —le aseguró Roberto—. Sólo serán un par de cervezas más.

Las chicas se marcharon y ellos se quedaron solos. Se terminaron tranquilamente sus bebidas y, después, decidieron poner en marcha el plan que habían consensuado: Carlos y David se dirigieron a la casa del primero, mientras que Roberto, Antonio y Guillermo fueron a buscar la camioneta de Antonio y se dirigieron a la casa de don Braulio.

Roberto era un experto haciendo saltar cerraduras. Antonio y Guillermo procuraron cubrirle, mientras él logró abrir la puerta de la casa, con la dificultad añadida de que don Braulio y su mujer dormían en el interior. Todas las luces estaban apagadas.

A lo lejos vieron la camioneta de Carlos, con su burro. David le acompañaba.

–¿Por qué habéis tardado tanto? –les preguntó Guillermo, nervioso.

–Porque el tonto de David tropezó con un cubo en el establo, y ya sabes el problema que tiene mi burro con los ruidos.

Antonio les rogó que bajaran la voz, a la vez que insinuaba:

–Hoy ese problema va a ser nuestra venganza. Pero David, tú deberías irte de aquí, te juegas mucho.

David negó muy seguro.

–Hoy me he dado cuenta del futuro que me espera. Pero, por lo menos, cada vez que esté puteado podré recordar este momento.

Sus amigos sonrieron orgullosos por su respuesta e incluso le dieron palmaditas en la espalda.

–Muy bien, así se habla.

Sin más dilación, los chicos metieron el burro con mucho cuidado en el interior de la casa, lo dejaron solo y se retiraron en busca de sus camionetas.

El ruido de los pasos del animal despertó a la esposa de don Braulio. Asustada, la mujer también despertó a su marido por si habían entrado ladrones, pero él no se alteró, ya que estaba convencido de que nadie tenía el valor suficiente para entrar en su casa. El hombre volvió a dormirse, mientras su mujer se quedó a la expectactiva, sin moverse de la cama.

En el exterior, los chicos acercaron sus camionetas a la casa. Antonio quería estar seguro de que aquello funcionaría y le preguntó a Carlos:

–¿Seguro que tu burro es tan sensible a los ruidos?

Carlos comenzó a reír.

—¿Que si es sensible? —le dijo a David, buscando su complicidad.

Esta vez fue David quien habló para tranquilizar a Antonio.

—No puedes ni imaginártelo.

—Bien, chicos. Entonces a la de tres, ¿vale?

Todos asintieron. En el exterior de la casa el silencio era absoluto y los tres segundos que Antonio iba marcando con sus dedos parecieron eternos. Al fin comenzaron a hacer sonar el claxon de las camionetas. El ruido era estruendoso y el burro de Carlos empezó a enloquecer, a cabalgar por toda la casa de don Braulio y a dar coces a los muebles. Don Braulio y su mujer se despertaron asustados y confusos, al no entender qué estaba pasando.

Fuera, los chicos se reían con ganas, hasta que decidieron dar por finalizada la broma. Pusieron en marcha los vehículos y se alejaron de allí, mientras el burro seguía completamente enloquecido rompiendo a coces todo aquello que se le ponía por delante. Con la excitación del momento, seguían haciendo sonar sus cláxones y riendo, sin pensar en las consecuencias que aquella *vendetta* iba a traerles. Se sentían orgullosos por lo que acababan de hacer, no tanto por la venganza en sí, sino por la forma como habían terminado su último día juntos: a lo grande, a su estilo. Todos sabían que esas juergas no iban a repetirse más, sabían que no volverían a estar juntos... Pero había sido una buena despedida, y aquel último recuerdo no iba a quitárselo nadie...

Capítulo 27

La tormenta que había estado cayendo durante varios días dejó paso al buen tiempo. Antonio y Mohamed lo aprovecharon para restaurar las cuadras, cambiar la paja mojada y secar los charcos que se habían creado en el interior. Los dos eran muy trabajadores y en poco menos de medio día lo tuvieron todo listo.

Los caballos estaban enfermos, la yeguada ya no era un negocio rentable, la peste equina había hecho mella en la finca y nada iba a ser igual. Antonio había hablado de ello muy seriamente con Mohamed durante los días de la tormenta, cuando no pudieron salir a trabajar, y le convenció para que se buscara un trabajo mejor. Mohamed llevaba tres años en la finca y se sentía muy a gusto, pero comprendía que, si allí ya no había trabajo para él, tenía que irse. Decidió regresar a su país, con su familia. El dinero que había ido ahorrando durante esos tres años le iba a permitir vivir bastante bien en su tierra.

—Mohamed marchar... —pronunció de forma casi inaudible a causa de su tristeza por la despedida.

Antonio le sonrió para darle ánimos y se acercó a él.

—Cuídate mucho, amigo...

Mohamed le mostró el sobre de dinero que Antonio le había dado después de comer. Al hacer las maletas, lo había abierto y había descubierto que había mucho más dinero del que le correspondía:

—Antonio muy generoso, demasiado…

—No, amigo. Mi padre siempre decía que la lealtad hay que recompensarla. Y ésta es mi manera de hacerlo.

—¿Quieres que Rubio quedar una semana más?

El hecho de que Mohamed se hiciese llamar así mismo Rubio, tal como solía dirigirse a él Paco, hizo sonreír a Antonio, que valoró el sincero ofrecimiento del fiel magrebí.

—Gracias, Rubio. Pero vete tranquilo y cuídate mucho. Aquí ya no hay nada que hacer.

Ambos se abrazaron. Estaban muy emocionados. En todo el tiempo que Mohamed había estado con ellos en la finca había sido tratado como un miembro más de la familia, y Antonio sentía por él un gran cariño. Finalmente, se separaron y, sin decir nada más, Mohamed salió del establo. En ese mismo momento, el veterinario llegaba a la finca y se saludaron al cruzarse, con un gesto afectuoso.

El veterinario entró en el establo. Antonio procuró disimular la tristeza que le embargaba por la marcha de Mohamed y todo lo que ello significaba. Regresó junto a *Zafiro* y el veterinario también se encaminó hacia allí.

—Buenos días, Antonio —saludó el recién llegado—. Parece que por fin ha dejado de llover.

—Me alegro por Carlos, tendrá una buena boda.

Todo el pueblo sabía que ese día se casaban Carlos y Laura. El veterinario, aunque no estaba invitado, también se alegró por el buen tiempo que les había tocado. Luego imitó a Antonio y, al igual que él, acarició el morro de *Zafiro*.

—Es un buen ejemplar.

—El mejor.

—Lo sé. Y por eso se me hace difícil venir hoy aquí...

Antonio bajó la mirada, comprendiendo las palabras del veterinario.

—Todos infectados... —susurró.

—Hay que sacrificarlos... —le confirmó, entregándole los análisis.

Antonio no miró los análisis y prefirió seguir acariciando a su caballo.

—Se le ve tan sano... —se lamentó Antonio, aún con la mirada baja.

—La enfermedad los ataca por dentro. No se puede hacer nada para salvarlos, sólo sacrificarlos cuanto antes para impedir que sufran.

Por fin Antonio alzó la mirada.

—Supongo que no importará un día más...

—¿A qué te refieres?

—Este caballo es lo único que me queda. No puedo despedirme de él así. Para mí no es un animal más: es el único vínculo que me une con mi padre. Aún recuerdo cuando nació —recordó en voz alta—. Parece mentira cómo pasa el tiempo, ¿verdad? —dijo de manera retórica—. Aún no sé si podré mantener la finca, así que *Zafiro* es lo único que de verdad me queda...

El veterinario sabía lo mucho que había sufrido Antonio últimamente y no quería añadirle más presión. Si aquello iba a suponerle un pequeño consuelo, no podía negárselo. Suspiró profundamente y aceptó la propuesta.

—De acuerdo, te daré un día más. Pero mañana estaré aquí. Me obliga la ley.

Antonio lo sabía y asintió. Le dio la mano para agradecerle su comprensión y se abrazaron. Después, el veterinario le dejó con sus caballos y se marchó.

El chico oyó el ruido del motor de la camioneta del veterinario, hasta que terminó perdiéndose. Miró a *Zafiro*, que había permanecido completamente estático durante toda la charla, como si los hubiera estado escuchando. Antonio siguió acariciándolo y luego lo sacó del establo y lo ensilló. Deseaba ir a pasear con él... por última vez.

Se alejaron trotando de la finca, en dirección contraria al pueblo..., hacia la casita de la colina.

Durante el trayecto, por la mente de Antonio fueron desfilando imágenes y recuerdos de los últimos meses: recordó la despedida de soltero de David y se asombró del tiempo que ya había pasado desde el día en que le pusieron laxante en la bebida, con el propósito de que no se casara; recordó también la última vez que compartió pesca con Guillermo, en el río que cruza el pueblo, mientras le confesaba los temores que le provocaba irse a la gran ciudad...

Por su cabeza se sucedían los recuerdos de manera fugaz, como si fueran trocitos de una película con vida propia bailando por su mente. Miró la puerta de la casa que un día construyera su abuelo, y recordó emocionado el día que llevó hasta allí a Virginia, cuando por primera vez hicieron el amor. Las imágenes se mezclaban y se agolpaban confusas en su cabeza y los sentimientos comenzaban a hacer mella en el ya decaído ánimo de Antonio. Pensó en el día en que dejó la finca y cómo reía cuando por el camino observó la puerta de la casa de David y María José tapiada por Robero y Carlos. Recordó la primera vez que vio a Diana y cómo pasaron de odiarse a enamorarse apasionadamente.

La mirada se le perdió completamente al pensar en lo cerca que había estado de conseguirlo todo, y cómo había llegado a acariciar su sueño tanto a nivel profesional como personal. De pronto sus ojos se nublaron por las lágrimas que le producía pensar en lo abatido que se encontraba su padre el día que le comunicó la enfermedad de los caballos. Se había pasado toda la vida luchando duro para que, de pronto, el destino se le riera en la cara. Si aquello no hubiese ocurrido seguro que ahora aún estaría vivo, pensaba. Ni siquiera la infidelidad de Diana con Alessandro importaría lo más mínimo. Las lágrimas comenzaron a recorrer su rostro, mojando a su paso la descuidada barba que desde hacía días formaba parte de su aspecto, cuando le vino a la cabeza la imagen del cuerpo sin vida de su padre, yaciendo inerte sobre la cama. A medida que los recuerdos se sucedían, el sol iba tomando posición sobre el horizonte y el paisaje que podía observarse desde la casita de la colina era realmente sobrecogedor. Antonio detuvo su caballo delante de la fachada y le acarició el lomo, mirando la casa con gran respeto, casi con pleitesía, como si allí delante, condensada en cuatro paredes, estuviera gran parte de su vida y se estuviera despidiendo. Todo, absolutamente todo, había quedado definitivamente atrás y, después de un breve espacio de tiempo meditando, Antonio y *Zafiro* se alejaron de la colina para siempre... Nunca más iban a volver allí.

Antonio llevó a su caballo hasta un acantilado. El paisaje que podía observarse desde allí era precioso y el tiempo acompañaba. Era un día soleado. El mar por fin estaba en calma después de varios días de tormenta. Las olas ya no golpeaban las rocas del acantilado, y por fin había quedado atrás esa lucha contra la inclemencia metereológica que había sumido a todo el pueblo en una desazón que parecía eternizarse. Pero había que pasar página y la borrasca era ya parte del pasado, parecía como si el sol no sólo hubiese traído consigo un nuevo día, sino también una época nueva que explorar. El paso de la tormenta a la luz del sol era sin duda un punto de inflexión.

Antonio saboreaba la pausa de ese momento desde lo alto del acantilado. Montado sobre su elegante caballo, observaba la calmada belleza del mar. Las patas delanteras de *Zafiro* estaban demasiado cerca del precipicio, pero a Antonio no le importaba, no tenía miedo de caer. Ni la altura ni la gravedad eran sus enemigas, la vida le había enseñado que era más dolorosa otro tipo de caída, la producida cuando la gente que te rodea te empuja al vacío, en un envidioso intento de evitar que consigas lo que ellos anhelan.

De repente, en la cabeza de Antonio sonaron el eco de las últimas palabras del veterinario: «Te daré un día más. Pero mañana tendré que sacrificarlo...».

Volvió a abrir los ojos y obligó a su caballo a retroceder unos pasos, como si tuviera miedo de que resbalara, aunque su intención era otra muy distinta: se agachó hasta la oreja de *Zafiro* y le susurró al oído:

—Nunca te abandonaré...

Antonio se sentía cansado y sin ánimo alguno de volver a comenzar. Tenía la sensación de que la vida se había reído en su cara, de manera cruel, justo cuando comenzaba a acariciar su sueño. Y no iba a permitir que le pasara como a su padre, que después de una vida de duro trabajo y sufrimiento se había quedado sin nada. Menuda recompensa para un hombre justo y bueno, pensó.

De pronto, tuvo el presentimiento de que aquello podía pasarle también a él, como si fuera una especie de estigma que se hereda de generación en generación. Y se dio cuenta de que nunca más podría volver a ser tan feliz como antes, llevando a sus espaldas el enorme peso que suponen los recuerdos del pasado. Así que obligó a retroceder a *Zafiro* y respiró hondo, durante breves segundos, el fresco aire de la mañana, al tiempo que rodeaba firmemente con sus piernas los flancos de su caballo. El animal reconoció la postura y levantó las orejas, atento a la siguiente orden de su amo. Antonio recogió suavemente las riendas en su mano izquierda hasta que quedaron tensadas y espoleó con los tacones de sus botas los flancos del animal.

Ambos iniciaron un veloz y decidido galope hacia el acantilado, alcanzando en poco tiempo una gran velocidad. En la cabeza de Antonio las cosas iban muy deprisa, pero a cada metro recorrido mayor era la seguridad del joven en lograr su objetivo y en escasos segundos ya habían recorrido la distancia que les separaba del abismo, en un viaje sin fin, en un liberador camino sin retorno...

Esta obra, publicada por
EDICIONES MARTÍNEZ ROCA,
se terminó de imprimir en los talleres
de A & M Gràfic, S. L.,
de Santa Perpètua de Mogoda (Barcelona)